Bärbel Schäfer · Helmut Thon
DACHAU
BILDER

Bärbel Schäfer · Helmut Thon

DACHAU
BILDER

BAYERLAND

Abbildungen auf dem Schutzumschlag:
vorne
(von links nach rechts; von oben nach unten):
Schloß / Turm St. Jakob / Thiemann-Haus
Augsburger Tor / Rauffer-Haus / Schloßsteig
Taschnerbrunnen / Laubengang im Schloßgarten / D' Ampertaler
hinten
(von links nach rechts; von oben nach unten):
Schloßgarten / Zentrales Denkmal KZ-Gedenkstätte / Kriegerdenkmal
Blick aus der Schranne / Konzert im Schloßsaal / Klosterstraße
Amper-Altwasser / Portal und Sonnenuhr St. Jakob / Schloßgarten

Abbildungen auf Seite 5
(von links nach rechts; von oben nach unten):
An der Pfarrkirche St. Jakob / Portal St. Jakob / Freisinger Tor
Dachauer Knabenkapelle / Volksfest / Dachauer Mädchentracht
St. Laurentius in Etzenhausen / Hochaltar St. Jakob / Dachauer Stadtwald

Abbildungen auf Seite 6
(von links nach rechts; von oben nach unten):
Vor der Kapelle Regina Pacis / Gemäldegalerie / Skulptur im Wallachpark
Schwimmhalle Familienbad / Volksfest / Spiegelung im Rathaus
Sparkassenplatz / St. Jakob und Schrannenhalle / Schloß

Bildnachweis:
Foto Sessner, Dachau: Seite 22 unten, 85 oben
© www.Luftbild-Bertram.de: Seite 106/107 und Vorsätze
Heiner Buthmann, Schwabhausen: Seite 64 unten
Josef Lochner, Dachau: Seite 70/71
Horst Mink, Dachau: Seite 64 rechts oben
Werner Rothe, Dachau: Seite 26 rechts, 42, 50/51, 62 unten, 85 unten, 86 unten, 88/89, 120/121 unten und Titelbild (links oben)

Literaturhinweise:
Dachau. Straßen und Plätze in der Altstadt. Eine Dokumentation. Hrsg. von der Stadt Dachau. Dachau 1996.
Hanke, Gerhard; Liebhart, Wilhelm; Göttler, Norbert; Richardi, Hans-Günter: Geschichte des Marktes und der Stadt Dachau (= Kulturgeschichte des Dachauer Landes. Bd. 3). Hrsg. vom Museumsverein Dachau. Dachau 2000.
Heres, Horst: Dachauer Gemäldegalerie. Hrsg. vom Museumsverein Dachau. Dachau 1985.
Nauderer, Katharina Ursula: Künstlerleben im alten Dachau. In: Freilichtmalerei. Der Künstlerort Dachau um 1870–1914 (Ausstellungskatalog). Dachau 2001.
Richardi, Hans-Günter: Dachauer Zeitgeschichtsführer. Hrsg. von der Stadt Dachau. Dachau 1998.
Skulpturen im öffentlichen Raum. Brunnen, Denkmäler, Objekte, Installationen, Reliefs. Hrsg. von der Stadt Dachau. Dachau 2001.

Unser gesamtes lieferbares Programm und Informationen über Neuerscheinungen finden Sie unter www.bayerland.de

Verlag und Gesamtherstellung:
Druckerei und Verlagsanstalt »Bayerland« GmbH
85221 Dachau, Konrad-Adenauer-Straße 19

Einleitung und Bildtexte: Bärbel Schäfer
Fotos: Helmut Thon
Übersetzung: Sue Bollans

Alle Rechte der Verbreitung (einschl. Film, Funk und Fernsehen) sowie der fotomechanischen Wiedergabe und des auszugsweisen Nachdrucks vorbehalten.

© Druckerei und Verlagsanstalt »Bayerland« GmbH
85221 Dachau, 2005
Printed in Germany · ISBN 3-89251-357-0

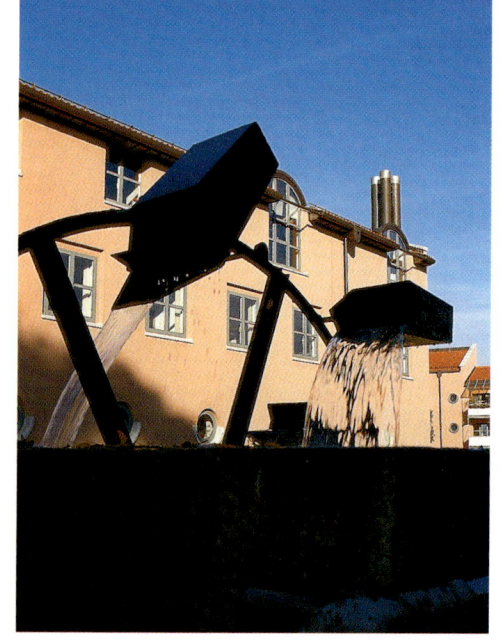

Dachau – zwölfhundert Jahre Geschichte

Dachau hat sich in den vergangenen Jahrzehnten seiner zwölfhundertjährigen Geschichte zur modernen und aufgeschlossenen Stadt entwickelt, in der Sport und Kultur großgeschrieben werden. Der Ort ist sich zudem seines kulturellen und historischen Erbes voll bewußt und ist auch bereit, für seine Geschichte Verantwortung zu tragen. Vor diesem Hintergrund kann man mehrere Identitäten Dachaus ausmachen: Die historische Altstadt, die in manchem Winkel noch die Aura eines verträumten Marktfleckens atmet und die mit ihrer markanten Silhouette und dem Dachauer Schloß zum Wahrzeichen geworden ist. Dann die einzigartige Landschaft, deren Wesen im reizvollen Zusammenklang von hügeligem Bauernland und Dachauer Moos liegt. Im 19. Jahrhundert war sie der Grund, warum Künstler aus der ganzen Welt nach Dachau kamen und den Ort neben Worpswede und Barbizon zu einer der bedeutendsten Künstlerkolonien Europas machten. Und schließlich die jüngste, aber schwerste Vergangenheit, die Dachau zum Synonym des größten Menschheitsverbrechens der deutschen Geschichte machte und die in den letzten Jahren in verstärktem Maße zur Auseinandersetzung und Aufarbeitung zwang. Durch die in der Stadt wachgehaltene Erinnerung an die Opfer der Nazidiktatur, durch Veranstaltungen und wissenschaftliche Symposien zur Zeitgeschichte beweist Dachau, daß es seine Lehre aus der Geschichte gezogen hat, und leistet zugleich einen wesentlichen Beitrag zur Versöhnung und Begegnung.

Es ist seine besondere geographische Lage, die Dachau so reizvoll macht. Vor rund achtzehntausend Jahren, in der Würmeiszeit, entstand die Landschaft, heute ein abwechslungsreiches Zusammenspiel aus hügeligem Bauernland, vegetationsreichen Amperauen und der flachen, den unterschiedlichen Wetter- und Lichtstimmungen unterworfene Schotterebene, die sich bis nach München erstreckt. Hoch gelegen auf einem Bergrücken erhebt sich das Zentrum des ehemaligen Marktes mit der Stadtpfarrkirche, dem Rathaus und den historischen Häusern, die sich um den Mittelpunkt der bürgerlichen Siedlung (Augsburger-, Wieninger- und Gottesackerstraße) gruppieren und deren Anlage zum Teil bis ins 15. und 16. Jahrhundert zurückreicht. An höchster Stelle steht, weit über die Ebene sichtbar, das Dachauer Schloß, eine ehemalige Sommer- und Jagdresidenz der Wittelsbacher. Die Herzöge Wilhelm IV. und Albrecht V. ließen sie im 16. Jahrhundert als mächtige Vierflügelanlage errichten. Während das Schloß heute schmucker Mittelpunkt der Stadt ist, der wesentlich zur Attraktivität Dachaus als Touristenort beiträgt und mit seinem prächtigen Renaissancesaal ein idealer Ort für Konzerte ist, lag es durch die Jahrhunderte hindurch im Zentrum machtpolitischer Reibereien.

Die früheste Nennung Dachaus ist in einer Schenkungsurkunde der edlen Frau Erchana an die Domkirche zu Freising vom 15. August 805 überliefert. Damals hieß es »Dahauua«, das sich aus dem althochdeutschen »daha« (Lehm) und dem mittelhochdeutschen »Owe« (ein vom Wasser umflossenes Land) zusammensetzt und soviel bedeutet wie »Siedlung in der lehmigen Au«. Dachau ist also um Jahrhunderte älter als München, dessen Gründung erst 1158 durch Heinrich den Löwen erfolgte. Zu Beginn des 10. Jahrhunderts war Dachau bereits eine größere ländliche Siedlung mit einem Herrenhof, der sich in Udlding befunden haben muß, einer Kirche, einer Mühle und sechs Kolonenhöfen. Mitte des 11. Jahrhunderts begann der Aufstieg der Grafen von Scheyern mit Graf Otto I. als Hauptvogt der Freisinger Domkirche, die das Gebiet zwischen Amper und Glonn zu einem Mittelpunkt dynastischer Machtkonzentration machten. Ottos Sohn aus erster Ehe, Graf Arnold I., wurde Dachau im Zuge einer Güterteilung als Hauptbesitz zuerkannt. Arnold I. wurde Stammvater sowohl der Grafen von Dachau als auch der Grafen von Valley und errichtete die erste Dachauer Burg auf dem Giglberg in Mitterndorf, die 1143 niedergebrannt wurde. Archäologen haben dort einen mittelalterlichen Turmhügel ausgemacht, der genug Platz für eine wehrhafte, durch Palisaden geschützte Anlage bot. Eine zweite spätere Burg hat sich zwischen der heutigen Wieningerstraße und der Gottesackerstraße befunden. Sie wurde errichtet, als die Grafen von Dachau den Höhepunkt ihrer Macht erreichten. 1152 hatte Kaiser Friedrich Barbarossa Graf Konrad II. den Titel eines Herzogs von Meranien und 1154 den Titel eines Herzogs von Dalmatien und Kroatien verliehen. In mehr als dreißig Orten im Dachauer Raum saßen seine Dienstmannen und Ministerialen, die ihn auf seinen Kriegszügen begleiteten. So dürfte bereits die zeitweise Anwesenheit des Dachauer Herzogs mit seinem stattlichen Gefolge den Neubau einer Burg erfordert haben, für die das Gelände am Giglberg nicht ausreichend war. Als das Geschlecht der Grafen von Dachau mit dem Tod Konrads III. am 8. Oktober 1182 erlosch, verkaufte seine Mutter Udilhild die Grafschaft Dachau mit der Burg und allen zugehörigen Gütern an den wittelsbachischen Vetter Herzog Otto I. von Bayern. Damit ging alter scheyerischer Besitz an die Wittelsbacher Hauptlinie zurück und Dachaus Stellung wurde enorm gestärkt.

Im Lauf der Zeit wurde die Burg mehrmals zerstört: 1255 bei der ersten Teilung Bayerns, fast einhundert Jahre später nach der zweiten Teilung im Jahre 1349 und zuletzt in den Erbfolgekriegen des Hauses Wittelsbach: In den Jahren 1398 und 1403 ging der Markt Dachau im Zuge der Erbstreitereien zwischen Herzog Stephan III. und den Herzögen Ernst und Wilhelm III. in Flammen auf. Nachdem Herzog Ernst 1403 den Markt nach dessen Zerstörung zurückerobern konnte, verlegte er den Standort der Burg auf den strategisch günstigeren Schloßberg. Die einzige bekannte authentische Darstellung ist in Philipp Apians Landkarte von Bayern um 1550 abgebildet und zeigt einen wehrhaften Bau mit mächtigem, viereckigem Wehrturm oder Bergfried. Im 16. Jahrhundert war die Burg so stark verfallen, daß sich die Herzöge Wilhelm IV. und Albrecht V. zum Um- und Neubau entschlossen. Im wesentlichen trat Herzog Albrecht V., der Sohn Wilhelms IV., von 1558 bis 1573 als Bauherr auf. Ein Fresko von Hans Thonauer aus der Zeit um 1590 im Antiquarium der Münchner Residenz läßt erahnen, wie stark der Machtanspruch und Repräsentationsgedanke der Wittelsbacher zu dieser Zeit gewesen sein muß. Das Dachauer Schloß ist als mächtige Vierflügelanlage mit mehreren Stockwerken dargestellt. Die vier Ecktürme mit den markanten welschen Hauben wurden vermutlich beim Schwedeneinfall 1632 bis 1634 zerstört und nicht wieder aufgebaut.

Das Schloß wurde mehrmals umgebaut und auch beschädigt, vor allem durch die Franzosen in den Napoleonischen Kriegen am Ende des 18. Jahrhunderts. Unter Kurfürst Max Emanuel erhielt es Anfang des 18. Jahrhunderts die Ausgestaltung, die der erhaltene Festsaaltrakt heute noch aufweist. Der »Blaue Kurfürst«, der zeit seines Lebens hochfliegende Pläne hatte, muß eine besondere Vorliebe für Dachau gehabt haben, denn er legte sich inkognito den Namen »Graf von Dachau« zu. 1715 beauftragte er den Baumeister Joseph Effner, Sohn eines Dachauer Hofgärtners, das Schloß dem neuen französischen Geschmack entsprechend zu modernisieren und die zum Garten gerichtete Schaufassade des Südwestflügels mit hohen Pilastern und Rundbogenfenstern umzugestalten. Das Treppenhaus baute Effner zu einem Vestibül mit dorischen Säulen und monumentalem Aufgang um. Das Innere des Südwestflügels mit dem Festsaal blieb wegen seiner kostbaren Ausstattung, einer Holzkassettendecke aus dem 16. Jahrhundert, unverändert. Max Emanuel feierte sowohl im Schloß als auch im Garten rauschende Feste und der 1691/92 gebaute Schleißheimer Kanal wurde der Hofgesellschaft zum beliebten Verbindungsweg nach Schloß Schleißheim. Zu Beginn des 19. Jahrhunderts erschien eine neuerliche Instandsetzung des Schlosses zu teuer, so daß König Max I. von 1806 bis 1809 drei Flügel des Schloßes abreißen ließ. Vom ehemals imposanten Schloß ist heute nur noch der kunsthistorisch bedeutendste Südwestflügel mit dem Renaissancesaal erhalten, der für Kunstausstellungen und Konzerte genutzt wird.

Der um 1572 angelegte Schloßgarten wurde entsprechend der sich ändernden Moden mehrmals umgestaltet: umfassend ab 1716 passend zu Joseph Effners Fassadengestaltung mit Freitreppe, langgestreckten Beeten und einem Lindenlaubengang als optisches Gegengewicht zum Berghang zur Amper hin. Am Hang wurden Terrassen angelegt, auf denen Obst und Gemüse gedieh. An diesen künstlerisch gestalteten Hofgarten grenzte durch ein Tor abgetrennt der tiefer gelegene äußere Garten, der ab 1776 zum

7

»Englischen Garten« wurde. Das heutige Erscheinungsbild von Hofgarten und Englischem Garten geht noch größtenteils auf den königlichen Hofgarteninspektor Friedrich Ludwig von Sckell Anfang des 19. Jahrhunderts zurück. Von Sckell reduzierte den Hofgarten auf großflächige Wiesen und Obstbäume und ließ den Englischen Garten mit Wiesen, Buschgruppen und Waldzonen nach dem damals herrschenden Ideal des naturnahen Landschaftsgartens anlegen.

Das spätere Königsgeschlecht der Wittelsbacher legte in der ehemaligen Grafschaft Dachau den Grundstein für eine flächendeckende Verwaltung mit Land- oder Pfleggerichten. Durch die Einführung von Landgerichten wuchs Dachau zu einem bedeutenden Zentralort von beachtlicher Größe. Mehr als die Hälfte der heutigen Landeshauptstadt München gehörte in seinen Einzugsbereich. Diesem für die Wittelsbacher so bedeutenden Verwaltungs- und Gerichtsort wurde Mitte des 13. Jahrhunderts durch die Herzöge Otto II. und Ludwig II. den Strengen das Marktrecht verliehen. Urkundlich wird der Markt Dachau zum erstenmal im zweiten Herzogsurbar von 1269/70 erwähnt, woraus sich das Recht zur Abhaltung eines Wochenmarktes und zur Erhebung von Wegzöllen ableitete. Der Marktflecken wurde im Laufe eines Jahrhunderts zum Schnittpunkt für einen florierenden Handel. Mit zunehmendem Wohlstand strebten die Bürger nach einer eigenen Pfarrkirche mit einem Pfarrsprengel: Um 1240 wurde an derselben Stelle, wo heute die Stadtpfarrkirche St. Jakob steht, erstmals ein Gotteshaus errichtet. Im 14. Jahrhundert erhielt Dachau das Recht, drei Jahrmärkte abzuhalten. Diese Jahrmärkte dauerten jeweils vier Tage und zogen Händler von nah und fern an, denen der Herzog Schutz und Geleit gewährte. Der Marktflecken, der bisher in einer locker ausgebreiteten, ungeschützten Siedlung im Gebiet der Steinmühle und der heutigen Martin-Huber-Treppe bestand, wurde deshalb auf den Berg hinauf verlegt. Für den Bau einer Marktmauer fehlte jedoch damals wie auch später das Geld, und so wurden nur die Zufahrtsstraßen im Laufe der Zeit mit Toren versehen. 1390 wurde erstmals das »mittern tor« (später Weblinger oder Augsburger Tor errichtet (1892 abgebrochen), 1421 das Freisinger Tor (1859 abgebrochen) und 1494 das »Kieheberger« oder Münchner Tor (1790 abgetragen). Zeugnisse dieser Tore sind von Künstlern gestaltete Nachbildungen in Bronze an ihren ursprünglichen Standorten in der Altstadt. Wegen der hohen finanziellen Belastung des Marktes Dachau und seiner Bürger durch die Marktverlegung übernahm der Wittelsbacher Marktherr zunächst auch den Straßenbau innerhalb der neuen Umwallung. Die Pflicht des Landesherrn zur Straßenerhaltung reichte bis Anfang des 19. Jahrhunderts im Süden bis an das Münchner Tor und im Norden bis an das Augsburger Tor heran, weshalb beispielsweise Kurfürst Karl Theodor 1790 als Bauherr beim Ausbau der Straße am Karlsberg fungierte.

Aufgrund der landesherrlichen Privilegien hatte sich im 14./15. Jahrhundert Schritt für Schritt die bürgerliche Selbstverwaltung herausgebildet. Seit 1412 stand dem Markt ein Bürgermeister vor, weshalb ein Rathaus nötig wurde, das 1486 an der heutigen Stelle errichtet wurde.

In seiner Geschichte wurde Dachau mehrmals von Kriegen heimgesucht. Die schlimmsten Verheerungen geschahen während des Dreißigjährigen Krieges (1618 bis 1648), in dessen Verlauf Dachau belagert, bestürmt und ausgeplündert wurde. Hunger und Pestepidemien trugen zur weiteren Verelendung der Bevölkerung bei.

Rund hundertfünfzig Jahre später kam die nächste Verwüstung. Nach vorausgehenden Spannungen hatte Frankreich 1792 Österreich und Preußen den Krieg erklärt. 1793 trat das Reich, und damit auch Kurbayern, in den Krieg ein. In Dachau machte sich der Krieg schon ein Jahr vor der Kriegserklärung an Frankreich bemerkbar, da 1792 den durchmarschierenden Truppen laufend Quartier gewährt werden mußte. Im Herbst 1802 löste Napoleon auf dem Reichstag in Regensburg seine Versprechen ein: Für seine territorialen Verluste erhielt Kurbayern neue Gebiete in Schwaben und Franken. Drei Jahre später schlossen Großbritannien, Österreich, Rußland und Schweden die sogenannte Dritte Koalition gegen Frankreich. Kurbayern dagegen unterstützte Frankreich, was zur Folge hatte, daß 30 000 bayerische Soldaten diesmal auf der Seite Napoleons in den Krieg zogen. Nach der Kapitulation der Österreicher bei Ulm am 20. Oktober 1805 strömten feindliche Truppen auf dem Rückzug durch Dachau und die nachrückenden Franzosen kamen erstmals als Freunde.

Die Industrialisierung im 19. Jahrhundert ging auch an Dachau nicht spurlos vorüber. Am 12. November 1862 wurde die »MD« gegründet, die sich im Laufe der Jahrzehnte zur größten Papierfabrik Deutschlands entwickelte. Sie produzierte Papier für so bekannte Publikationen wie den »Simplicissimus«, die »Jugend« und die »Fliegenden Blätter«. 1865 wurde von den Brüdern Hörhammer die Malzfabrik gegründet. Die Bevölkerung stieg von 1500 Einwohnern um 1850 bis 1900 auf über 5000 Einwohner an. Durch den steten Zuzug veränderte sich auch der Ort. Im Bereich der Augsburger und Brucker Straße, der Burgfrieden- und der Mittermayerstraße entstanden neue Wohngebiete mit Arbeiterhäusern. Mit der Eröffnung der Eisenbahnstrecke München–Ingolstadt 1867 entwickelte sich das Bahnhofsviertel. Um Handel und Verkehr zu fördern, wurde nach jahrelangen Streitigkeiten um die Trassenführung eine Lokalbahn durch das Glonntal in Richtung Altomünster eingerichtet.

Durch seine landschaftliche Besonderheit zog Dachau im 19. Jahrhundert Maler aus aller Welt an. In den Jahrzehnten nach der Jahrhundertmitte bis zum Ausbruch des Ersten Weltkrieges 1914 entwickelte sich der Marktflecken zu einem vielbesuchten Künstlerort. Der Akademieprofessor und Kunstagent von Kronprinz Ludwig, Johann Georg von Dillis, war es, der in der ersten Hälfte des 19. Jahrhunderts die Landschaft rund um München und das Dachauer Moos entdeckte. Im Zuge der von Barbizon ausgehenden, zunehmend gepflegten Freilichtmalerei kamen dann ab 1860 so berühmte Maler wie Christian Morgenstern, Carl Spitzweg und Eduard Schleich d. Ä. nach Dachau und beschäftigten sich intensiv mit der Mooslandschaft. Im Lauf des Jahrhunderts siedelten sich viele Maler in Dachau an und der Ort erlebte um 1900 seine Blütezeit. Allein von 1900 bis 1905 zogen 400 Menschen zu. Dazu kam seit 1890 eine stetig ansteigende Anzahl von Gästen, meist Maler und Malerinnen, die vor allem im Sommer in Dachau wohnten. Dank der Eisenbahn wurde Dachau zum Reiseziel und zum Ausflugsort der Münchner, was dem Ort einen enormen wirtschaftlichen Aufschwung brachte. Auch für die Künstler, die sich besuchsweise in München aufhielten, war es nun sehr bequem geworden, nach Dachau hinauszufahren, um dort im Freilicht zu malen. Namhafte Künstler wie Max Liebermann, Lovis Corinth, Emil Nolde und Franz Marc waren in Dachau. Private Malschulen wurden gegründet, die vor allem von Frauen, den von der Bevölkerung etwas respektlos bezeichneten »Malweibern«, besucht wurden, denn ihnen war der Zugang zur Münchner Akademie verwehrt. Hermann Stockmann, Hans von Hayek und August Pfaltz prägten das kulturelle Leben des Marktes Dachau um die Jahrhundertwende und hinterließen Spuren, die bis heute gültig sind. Stockmann setzte sich in unzähligen Projekten für die Kultur- und Heimatpflege ein. Stockmann, Hayek und Pfaltz waren die treibenden Kräfte des 1903 gegründeten Museumsvereines, während Hayek der eigentliche Initiator der Gemäldegalerie war, die 1908 im Schloß eingerichtet wurde.

Die Dachauer Künstler bauten sich vor allem zu Füßen der Altstadt, im Unteren Markt, repräsentative Häuser mit großzügigen Ateliers, die ihren künstlerischen Erfolg und ihr Ansehen zum Ausdruck bringen sollten. Hermann Stockmanns »Spatzenschlößl« an der Münchner Straße muß damals, in einem parkähnlichen Garten gelegen, neben den ländlichen Gehöften und Arbeiterhäusern wie ein kleines Schloß gewirkt haben. Das Haus befindet sich heute im Besitz der Stadt, mehrere Künstler unterhalten dort ihre Ateliers. Die Villa von Ignaz Taschner in Mitterndorf wurde vom Künstler selbst als Gesamtkunstwerk entworfen und hatte den Charakter eines vornehmen Landsitzes. Auf dem Giglberg steht eine der bedeutendsten Dachauer Künstlervillen, die der Maler Max Feldbauer 1910/11 in kastellartiger Architektur mit Zinnen und Türmen in Anspielung an die mittelalterliche Burg errichten ließ. Künstlerzentren entstanden, etwa die Moosschwaige an der Schleißheimer Straße und die Kolonie an der Hermann-Stockmann-Straße mit prächtigen Villen und Häusern, von denen leider nur noch wenige ihr ursprüngliches Erscheinungsbild haben. Viele wurden im Lauf der Zeit von ihren neuen Besitzern renoviert und umgebaut, denn die Stadt hat es versäumt, beizeiten denkmalschützerische Auflagen zu machen. Den Höhepunkt der Künstlerkolonie bildeten Adolf Hölzel, Ludwig Dill und Arthur Langhammer, die zwischen 1895 und 1905 als »Neu-Dachauer« neue Ideen entwickelten und zu einem wegweisenden künstlerischen Stil fanden. Die Bezeichnung »Neu-Dachau« prägte der mit den Künstlern befreundete Kunstkritiker Arthur Roeßler, der über das Dreigestirn 1905 ein Buch veröffentlichte. Diese neuentwickelte, gemeinsame Stilhaltung, die sich so deutlich von den Strömungen und Tendenzen der gleichzeitigen Münchner Malerei abhebt, darf als wichtiger Beitrag Dachaus zur Malerei des 20. Jahrhunderts bezeichnet werden.

Durch die schillernde Künstlerschaft zog es auch Literaten und Schriftsteller nach Dachau: Rainer Maria Rilke soll in der Alten Moosschwaige bei Carl Olof und Elly Petersen gewesen sein, sowie Gustav Gründgens und Thomas Mann. Ein literarisches Denkmal setzte der Rechtsanwalt und Schriftsteller Ludwig Thoma dem Markt Dachau. Er war eng mit Ignaz Taschner befreundet und verkehrte auch bei Adolf Hölzel. Thoma lebte von 1894 bis 1897 im Haus des Schneidermeisters Rauffer in der Augsburger Straße. Damals beschloß er, den Anwaltsberuf an den Nagel zu hängen und Schriftsteller zu werden. Über die Hälfte seines Werkes handelt im Milieu des Dachauer Bauernstandes, darunter so bekannte Romane wie »Andreas Vöst«. Den Stoff bäuerlicher Rechtsstreitereien verarbeitete er 1897 zu seinen Bauerngeschichten »Agricola«, die Aufsehen erregten, weil die Dialoge strikt in Mundart wiedergegeben sind. Dem Dachauer Hinterland blieb er durch seine 22 000 Tagwerk große Jagd um Unterweikertshofen zeitlebens verbunden. Heute wird das Werk Thomas in der Stadt durch Straßennamen, durch das Thoma-Haus und vor allem durch den literarischen Zirkel der Thoma-Gemeinde gewürdigt. Seinerzeit jedoch fanden sich die Dachauer von dem schreibenden Advokaten gründlich mißverstanden. Sie empfanden seine Sprache als zu grob und fühlten sich diffamiert, seine Charaktere wurden von der örtlichen Presse als »Zerrbilder« bezeichnet. Auch der Wiener Literat Heimito von Doderer wohnte 1936 bis 1938 in Dachau. Bislang fand Doderer hier wenig Beachtung, vermutlich weil er 1933 in die NSDAP eingetreten und später nur halbherzig wieder ausgetreten ist.

Der Erste Weltkrieg brachte den größten Einschnitt in die Geschichte des Marktes Dachau. Gedenktafeln an der Dachauer Stadtpfarrkirche St. Jakob erinnern an die 217 gefallenen Männer aus Dachau. Durch den Bau der Königlichen Pulver- und Munitionsfabrik auf Etzenhausener, Hebertshausener und Prittlbacher Terrain wurde Dachau zum Anziehungspunkt für Industriearbeiter. Der Bedarf an Arbeitskräften für die Rüstungsindustrie war enorm und so stieg die Einwohnerzahl in Dachau von 5145 Personen, die 1913 gezählt worden waren, auf 7054 Personen im Jahre 1916. Das Kriegsende im November 1918 brachte nicht den erwarteten Frieden, sondern die Revolution. Nachdem der bayerische Ministerpräsident Kurt Eisner im Februar 1919 in München Opfer eines Attentats geworden war, kam es im April zur Eskalation: Die Regierung wurde gestürzt und Bayern als Räterepublik ausgerufen. In den anschließenden Kämpfen kamen die Revolutionäre der »Roten Armee« nach Dachau, um in der »Schlacht bei Dachau« gegen die »weißen« Regierungstruppen zu kämpfen. Gewehrsalven und Geschützlärm waren von der Papierfabrik her zu hören, von der aus bewaffnete Arbeiter das Feuer eröffneten. Die Scharmützel dauerten nicht lang, der Widerstand der weißen Garde erstarb und bald flatterte die rote Fahne der Revolution auf dem Dachauer Rathaus. Es gab Freibier und Handwürste und im Hörhammerbräu wurde getanzt und gefeiert. Doch die Revolution fraß ihre eigenen Kinder: Der Feind, den alle unterschätzt hatten, setzte zur Gegenwehr an und schlugen die »Roten« in die Flucht. Die Dachauer Arbeiterschaft war auf der Seite der Roten, standen doch Tausende von ihnen seit November 1918, als die Pulver- und Munitionsfabrik mit der Kapitulation des Deutschen Reiches ihre Produktion einstellen mußte, arbeitslos auf der Straße. Als das Werk 1924 endgültig stillgelegt wurde, brach für Dachau eine Katastrophe an, der Markt erreichte während der Weltwirtschaftskrise den höchsten Anteil an Arbeitslosen in Deutschland.

1933 kam Adolf Hitler an die Macht und stürzte Deutschland ins Verderben. In der verwaisten Pulver- und Munitionsfabrik ließ er am 21. März 1933 durch den Reichsführer der SS, Heinrich Himmler, eines der ersten Konzentrationslager Deutschlands eröffnen. In dem anfangs für 5000 Gefangene geplanten Lager sollten die politischen Gegner des Regimes – Kommunisten, Sozialdemokraten und Gewerkschafter – ausgeschaltet werden. Auch die ersten jüdischen Häftlinge wurden aufgrund ihrer politischen Gegnerschaft im KZ Dachau inhaftiert. In den folgenden Jahren wurden neben Juden auch Homosexuelle, Zigeuner, Zeugen Jehovas und alle dem Regime unliebsamen deutschen Bürger, darunter viele Geistliche, inhaftiert. Infolge der sogenannten Reichskristallnacht wurden mehr als 10 000 Juden nach Dachau gebracht und das KZ wurde zunehmend zu einer Stätte des Massenmordes. Ab Oktober 1941 wurden mehrere tausend sowjetische Kriegsgefangene nach Dachau verschleppt und erschossen. Eine große Zahl von Häftlingen wurde bei medizinischen Experimenten getötet. Neben rund 31 000 registrierten Toten starben im KZ Dachau weitere 1000 nichtregistrierte Gefangene an Schwäche, Folter, Krankheiten, Erfrierungen oder Verzweiflung. Mit dem siegreichen Vorrücken der alliierten Truppen begann die SS Ende April 1945 ihre Außenlager zu evakuieren. Am 27. April 1945 wurden rund 7000 Häftlinge aus Dachau auf einen Marsch Richtung Süden geschickt, den sogenannten »Todesmarsch«. Einen Tag später, am 28. April, verließ die SS das Lager und am 29. April wurde das KZ von Einheiten der US-Armee befreit. Ehemalige Häftlinge gaben den Anstoß zur Errichtung einer Gedenkstätte. Zu diesem Zweck riefen sie das »Comité International de Dachau« ins Leben, das als Geheimorganisation schon vor der Befreiung bestanden hatte. Am 9. Mai 1965 wurde die »Gedenkstätte des ehemaligen Konzentrationslagers Dachau«, der ein Museum angegliedert ist, eingerichtet.

Heute kann Dachau beruhigt in die Zukunft blicken, denn es ist eine moderne und lebendige Stadt mit besten wirtschaftlichen Aussichten, gesundem Handel und wachsendem Gewerbe, weltweit tätigen High-Tech-Firmen und soliden Handwerksbetrieben. Ein funktionierendes Verkehrswesen mit Autobahnanbindungen in alle Richtungen, einer kurzen S-Bahn-Verbindung in die nahegelegene Landeshauptstadt München sowie die Nähe zum Flughafen Erding begünstigen Dachau sowohl als Wirtschaftsstandort als auch als Wohnort.
Seinen Bürgern bietet die Große Kreisstadt (seit 1973) durch eine gewachsene Infrastruktur, einen sicheren Arbeitsmarkt, viele Freizeitmöglichkeiten und eine reiche Kunst- und Kulturszene hohe Lebensqualität. Dachau ist aber vor allem auch eine Stadt, die sich ihrer Tradition verbunden fühlt und diese pflegt, selbstbewußt und ohne rückwärtsgewandt oder heimattümelnd zu sein. Die gelungene Verknüpfung von heimischer Kultur mit modernem Gedankengut ist zum einen den vielen Vereinen und den freischaffenden Künstlern zu verdanken, zum anderen aber auch der städtischen Kulturpolitik mit Ausstellungen und Konzerten von internationalem Rang. Die Dachauer Gemäldegalerie verfügt über einen bedeutenden Bestand an Gemälden, mit denen sie das künstlerische Schaffen in der Künstlerkolonie im 19. und frühen 20. Jahrhundert dokumentiert. In der Neuen Galerie wird in den Räumen eines ehemaligen Fabrikgebäudes mehrmals im Jahr überregionale zeitgenössische Kunst gezeigt, daneben bietet die Künstlervereinigung Dachau als Zusammenschluß freischaffender Dachauer Künstler in der eigenen Galerie eine Plattform für qualitätsvolle Gegenwartskunst im Landkreis. Durch den Beitritt zu EuroArt, einer 1994 in Brüssel gegründeten Vereinigung europäischer Künstlerkolonien, vollzog man einen wichtigen Schritt, um Dachau in einen gesamteuropäischen kulturellen Zusammenhang einzubinden und einen Beitrag zur Völkerverständigung, zur Sicherung des Friedens und zur Entwicklung der europäischen Identität zu leisten. Zudem kann es Dachau durch die Pflege und Erhaltung des gemeinsamen europäischen Kulturerbes auf Dauer gelingen, seinen Stellenwert auf internationaler Ebene neu zu definieren.

Dachau – twelve hundred years of history

In the most recent decades of its 12-hundred-year history, Dachau has become a modern, forward-looking town with a strong emphasis on sport and culture. It is also very conscious of its cultural and historical heritage and willing to bear responsibility for its history. With this in mind, Dachau can be seen to have several distinct identities. It is firstly associated with its historic old town, which has retained some of the character of a sleepy little market town and become the symbol of Dachau with its striking silhouette and Dachau Palace. Secondly it is identified with the unique countryside in which it is set, with its attractive blend of hilly farmland and the Dachauer Moos. In the 19th century this feature attracted artists from all over the world and Dachau became home to one of the most important artists' colonies in Europe together with Worpswede and Barbizon. And finally the most recent, but most difficult past, which made Dachau synonymous with the greatest crime to humanity in German history, a past which it has been forced to confront to an increasing extent in recent years. By keeping alive the memory of the victims of the Nazi dictatorship through events and academic symposia, Dachau shows that it has learned from its history and is actively coming to terms with it.

What makes Dachau so attractive is its special geographic location. The countryside was formed during the ice age around eighteen thousand years ago, and today varies between hilly farmland, meadows rich in vegetation bordering the River Amper and the flat gravel plain with its changing weather and light conditions that extends as far as Munich. Perched high up on a ridge is the centre of the former market town with the parish church, town hall and the historic houses on the Augsburger Strasse, Wieninger- and Gottesackerstrasse, some of which date back to the 15th and 16th centuries. On the highest point, visible for miles across the plain, is Dachau Palace, a former summer residence and hunting lodge of the Wittelsbachs which was built in the 16th century by Dukes Wilhelm IV and Albrecht V as a massive four-wing complex. While the palace today is a striking focal point of the town, contributing substantially to the attractiveness of Dachau as a tourist centre and providing an ideal location for concerts with its magnificent Renaissance hall, over the centuries it was at the heart of many political conflicts.

Dachau was first mentioned in a document dated 15 August 805 recording a gift by Mrs Erchana, a member of the aristocracy, to the cathedral of Freising. It was then known as "Dahauua", a combination of the Old High German "daha" (clay) and the Middle High German "Owe" (land surrounded by water) meaning "settlement in the clayey water meadows". Dachau is thus centuries older than Munich, which was only founded in 1158 by Henry the Lion. At the beginning of the 10th century Dachau was already a large rural settlement with a manor, which must have been in Udlding, a church, a mill and six farms. In the mid-11th century the Counts of Scheyern commenced their rise to power with Count Otto I as the main protector of the property of Freising cathedral, and the area between the Rivers Amper and Glonn as their power base. Otto's son from his first marriage, Count Arnold I, was allocated Dachau as his main property during a distribution of land. Arnold became the progenitor of both the Counts of Dachau and the Counts of Valley and built the first Dachau castle on the Giglberg in Mitterndorf, which was burned down in 1143.

Here archaeologists found a medieval tower hill large enough to accommodate a fortified complex protected by palisades. A second castle was built later on between the present Wieningerstrasse and Gottesackerstrasse when the Counts of Dachau were at the height of their power. In 1152 Emperor Friedrich Barbarossa conferred the title of Duke of Merania on Count Konrad II and in 1154 also made him Duke of Dalmatia and Croatia. He established his liegemen and ministers, who accompanied him on his military expeditions, in over thirty places in the Dachau region. Even the temporary presence of the Dachau duke with his considerable retinue thus made it necessary to build a new castle, for which the Giglberg was too small. When Konrad III, the last Count of Dachau, died on 8 October 1182, his mother Udilhild sold the county of Dachau with the castle and all the property belonging to it to the family's Wittelsbach cousin, Duke Otto I of Bavaria. Old Scheyern property was thus returned to the main line of the Wittelsbach family and Dachau's position was considerably strengthened.

The castle was destroyed several times over the centuries: in 1255 when Bavaria was first partitioned, almost one hundred years later after the second partitioning in 1349, and finally during the House of Wittelsbach's wars of succession when the market town of Dachau went up in flames in 1398 and 1403 during the inheritance conflict between Duke Stephan II and Dukes Ernst and Wilhelm III. When Duke Ernst recaptured the market town in 1403 following its destruction, he moved the location of the castle to the more strategic Schlossberg (palace hill). The only known authentic depiction of it is on Philipp Apian's map of Bavaria dating from around 1550, and shows a building with a powerful, four-sided fortified tower or keep. In the 16th century the castle was so dilapidated that Dukes Wilhelm IV and Albrecht V decided to rebuild it. The project was primarily undertaken by Duke Albrecht V, the son of Wilhelm IV, in the period from 1558 to 1573. A fresco by Hans Thonauer dating from 1590 in the Antiquarium of the Munich Residence shows Dachau Palace as a massive four-winged complex several storeys high, which indicates the extent of the Wittelsbachs' claims to power and standing at this time. The four corner towers with their striking bulbous cupolas were probably destroyed during the Swedish attacks from 1632 to 1634 and were never rebuilt.

The palace was rebuilt several times and also damaged, in particular by the French in the Napoleonic Wars at the end of the 18th century. Under Max Emanuel at the beginning of the 18th century it was redesigned in the style represented today by the ballroom tract. The highly ambitious "Blue Elector", as he was known, must have been particularly fond of Dachau, as he secretly gave himself the title of "Count of Dachau". In 1715 he commissioned the architect Joseph Effner, son of a Dachau court gardener, to modernize the palace in the style then popular in France and redesign the main façade, on the southwest wing facing the garden, with high pilasters and round-arched windows. Effner remodelled the stairwell as a vestibule with Doric pillars and a monumental staircase. The interior of the southwest wing with the ballroom was left unchanged because of the precious wooden coffered ceiling dating from the 16th century. Splendid festivities were held by Max Emanuel both in the palace and the garden, and the Schleissheim Canal built in 1691/92 became the court's favourite route to Schleissheim Palace. At the beginning of the 19th century further renovation of the palace was considered to be so expensive that three wings were pulled down from 1806 to 1809 by order of King Max I. Of the once imposing palace, all that remains today is the southwest wing – artistically the most important – with its Renaissance hall, which is used for art exhibitions and concerts.

The palace garden laid out in 1572 was redesigned several times to keep up with changing fashions and comprehensively altered from 1716 to match Joseph Effner's façade with steps, long flower-beds and a pergola of lime trees on the slope leading down to the Amper to counteract the asymmetrical dimensions of the garden. Terraces were constructed on the slope on which fruit and vegetables thrived. A gate separated this artistically designed Court Garden from the outer garden lower down, which from 1776 on became the "English Garden". The present appearance of the Court Garden and English Garden is largely the work of the royal court garden inspector Friedrich Ludwig von Sckell, and dates from the beginning of the 19th century. Von Sckell reduced the Court Garden to spacious meadows and fruit trees and had the English Garden laid out with meadows, groups of bushes and woodland areas in line with the prevalent ideal of the natural landscape garden.

In the former county of Dachau, the Wittelsbachs, who subsequently ruled as kings, laid the foundation stone for a comprehensive administrative system with district courts. With the introduction of these courts Dachau developed to become an important centre of considerable size. More than half of the present Bavarian capital Munich was in its catchment area. This regional centre so valued by the Wittelsbachs acquired market rights in the mid-13th century from Dukes Otto II and Ludwig the Severe. The market town of Dachau was first mentioned in the second ducal land register of 1267/70, which gave it the right to hold a weekly market and collect road tolls. Within a century the small market town became a flourishing trade centre. With the increasing prosperity, its citizens wanted to have their own parish and parish church. The first church was built in around 1240, on the spot where the municipal parish church of St Jakob now stands. In the 14th century Dachau acquired the right to hold three annual markets. These each lasted four days and drew dealers from far and wide, who were guaranteed protection and an escort by the duke. The small settlement, then a sprawling, unprotected area in the vicinity of the Steinmühle (a grain mill) and the present-day Martin-Huber stairway, was thus moved up the hill. There was not enough money, either then or later on, to build a wall, so that only the access roads gradually acquired gates. The "middle" gate (later called the Webling or Augsburg Gate) was built in 1390 (it was pulled down in 1892), the Freising Gate in 1421 (pulled down in 1859) and the Kieheberg or Munich Gate in 1494 (dismantled in 1790). Bronze models of these gates by artists mark their original locations in the old town. Due to the high cost of the move for the town and its citizens, the Wittelsbach ruler initially also took over the building of the roads within the new area. The responsibility of the ruler for the maintenance of the roads in the south up to the Munich Gate and in the north up to the Augsburg Gate continued until the beginning of the 19th century, which was why, for example, the extension of the road on the Karlsberg was charged to Elector Karl Theodor.

The privileges granted by the rulers led in the 14th/15th centuries to the gradual development of administration by the citizens. The market town had a mayor from 1412 on, making it necessary to have a town hall, and this was built in the location of the present town hall in 1486.

Dachau was ravaged by war several times during its history. The worst devastation occurred during the Thirty Years' War (1618 to 1648), in the course of which Dachau was besieged, stormed and plundered. Hunger and epidemics of the plague added to the misery of the population.

The next wave of destruction came around one-hundred-and-fifty years later. In 1792, after mounting tension, France declared war against Austria and Prussia and in 1793 the Reich, and hence the Electorate of Bavaria, entered the war. The war had however already been making itself felt in Dachau for an entire year before this, as troops had been marching through it continuously, for whom quarters had to be supplied. In the autumn of 1802, Napoleon fulfilled his promise at the Imperial Diet in Regensburg and compensated the Electorate of Bavaria for its losses of territory with new lands in Swabia and Franconia. Three years later Great Britain, Austria, Russia and Sweden united to form the so-called Third Coalition against France. The Electorate of Bavaria however supported France, and 30,000 Bavarian soldiers this time went to war on the side of Napoleon. After the capitulation of the Austrians near Ulm on 20 October 1805, retreating enemy troops streamed through Dachau and for the first time the advancing French came as friends.

The industrialization of the 19th century also left its mark on Dachau. On 12 November 1862, the "MD" was founded, which over the next few decades became the largest paper factory in Germany. It produced paper for well-known German publications such as "Simplicissimus", "Jugend" and "Fliegende Blätter". In 1865 the Hörhammer brothers founded the malt factory. The population increased from 1,500 inhabitants in around 1850 to 5,000 in 1900. With the continuous influx the place itself also underwent change. New residential districts with workers' houses were created around the Augsburger Strasse and Brucker Strasse, Burgfrieden- and Mittermayerstrasse. The station district developed with the opening of the railway line between Munich and Ingolstadt in 1867. In order to improve trade and transportation, a local line through the Glonn Valley towards Altomünster was opened after a dispute over the route that lasted several years.

In the 19th century the particular charms of Dachau's countryside attracted painters from all over the world. In the decades from the middle of the century to the outbreak of the First World War in 1914, the market town became a popular centre for artists. It was the academy professor and art agent of Crown Prince Ludwig, Johann Georg von Dillis, who in the first half of the 19th century discovered the countryside around Munich and the Dachauer Moos. With the increasing popularity of the open-air painting introduced by Barbizon, famous artists such as Christian Morgenstern, Carl Spitzweg and Eduard Schleich the Elder started coming to Dachau from 1860 on to paint the moorland scenery. Over the years many painters settled in Dachau, which had its heyday in around 1900. From 1900 to 1905 alone, there was an influx of 400 people. In addition, from 1890 onwards there was a constantly increasing number of guests, most of them painters who primarily came to live in Dachau during the summer. Thanks to the railway, Dachau became accessible for the people of Munich and a destination for excursions, which gave the town a huge economic boost. For artists visiting Munich it was now also very easy to travel out to Dachau in order to paint in the open air. Famous artists such as Max Liebermann, Lovis Corinth, Emil Nolde and Franz Marc were in Dachau. Private painting schools were founded, which were attended mainly by women – rather contemptuously referred to as "painting wives" by the population – for the simple reason that they were not allowed to go to the Munich academy. Hermann Stockmann, Hans von Hayek and August Pfaltz dominated the cultural life of Dachau around the turn of the century and left an abiding legacy. Stockmann launched numerous projects to promote culture and local traditions. Stockmann, Hayek and Pfaltz were the driving forces behind the museum association founded in 1903, while Hayek was the original initiator of the art gallery which was established in the palace in 1908. The Dachau artists put their artistic success and standing on display by building themselves imposing houses with spacious ateliers, mainly in the Unterer Markt below the old town. Hermann Stockmann's "Spatzenschlössl" (Sparrow Palace) on the Münchner Strasse with its miniature park must really have looked like a palace at the time next to the rural farms and workers' houses in these days. Today the house is owned by the town and several artists have their ateliers there. The villa belonging to Ignaz Taschner in Mitterndorf was designed by the artist as a synthesis of the arts and resembled an elegant country house. On the Giglberg is one of the most important Dachau artist's villas, built by the painter Max Feldbauer in 1910/11 to look like a castle with battlements and turrets in imitation of its medieval forerunner. Artists' centres were created, such as the Moosschwaige on the Schleissheimer Strasse and the colony on Hermann-Stockmann-Strasse with splendid villas and houses, of which, unfortunately, only a few have kept their original appearance. Many of them were gradually renovated and rebuilt by their new owners, as the town did not put them under a preservation order in time. The high point of the artists' colony came with the "New Dachauers" Adolf Hölzel, Ludwig Dill and Arthur Langhammer, who between 1895 and 1905 developed innovative ideas and created a forward-looking artistic style. "New Dachauers" was the name coined for them by the art critic Arthur Roessler, who was a friend of the three major artists and published a book about them in 1905. This newly-developed, common style was so different from the prevalent artistic tendencies in Munich that it may be considered an important contribution by Dachau to 20th-century painting.

The presence of so many brilliant artists also attracted men of letters and literary figures to Dachau: Rainer Maria Rilke is said to have been in the Alte Moosschwaige with Carl Olof and Elly Petersen, as were also Gustav Gründgens and Thomas Mann. The lawyer and author Ludwig Thoma brought the market town of Dachau literary fame. He was a close friend of Ignaz Taschner and a frequent guest of Adolf Hölzel. Thoma lived from 1894 to 1897 in the house of the tailor Rauffer in the Augsburger Strasse. It was then that he decided to give up the legal profession and become a writer. Over half of his works are about life in the Dachau farming community, including such well-known novels as "Andreas Vöst". He turned the substance of rural court cases into the farming stories entitled "Agricola", which created a stir because the dialogues are all in the local dialect. He remained attached to the Dachau countryside throughout his life with the 7,911 hectare game reserve he owned in the Unterweikertshofen area. Today Thoma's work is commemorated in the town with the road that is named after him, the Thoma House and above all the literary circle of the Thoma Community. In his day however, the people of Dachau felt they had been completely misunderstood by the literary lawyer. They found his language too coarse and felt they were presented in a bad light, while the local press described his characters as "caricatures". The well-known Viennese writer Heimito von Doderer also lived in Dachau, from 1936 to 1938. There has been little interest in him up to now, probably because he joined the National Socialist Party in 1933 and only half-heartedly resigned later on.

The First World War was a dramatic turning point in the history of Dachau. Memorials on the wall of the Parish Church of St Jakob commemorate the 217 men from Dachau who fell in the war. With the building of the royal powder and ammunition factory in the Etzenhausen, Hebertshausen and Prittlbach district there was an influx of industrial workers. The need for workers in the armaments industry was so great that the Dachau population increased from 5,145 in 1913 to 7,054 in 1916. The end of the war in 1918 brought not peace, but revolution in its wake. In February 1919 the Bavarian Minister President Kurt Eisner was assassinated in Munich, and in April the government was toppled and Bavaria was declared a soviet republic. In the fighting that ensued, the revolutionaries of the "Red Army" came to Dachau to engage with the "white" government troops in the "Battle of Dachau". The noise of gunfire and artillery could be heard from the paper factory, from which armed workers opened fire. The skirmish did not last long, the resistance of the white soldiers crumbled and soon the red flag of the revolution was fluttering from the roof of the town hall. There was free beer and sausages and in the brewery restaurant Hörhammerbräu people danced and celebrated. But the revolution did the most harm to those whose lives it was intended to improve: the enemy, whom everyone had underestimated, rallied and put the "reds" to flight. The Dachau workers were on the side of the reds, since thousands of them had been unemployed since 1918 when the powder and ammunition factory was forced to cease production with the capitulation of Germany. Its final closure in 1924 was a catastrophe for Dachau, and the town had the highest number of unemployed in Germany during the world economic crisis. In 1933 Adolf Hitler came to power and plunged Germany into ruin. In the same year the leader of the SS Heinrich Himmler announced the establishment of one of the first concentration camps in Germany, which was opened on 21 March in the abandoned powder and munitions factory. The camp, initially planned for 5,000 prisoners, was intended for the detention of the political opponents of the regime – communists, social democrats and trades unionists. Even the first Jewish detainees were put in the Dachau camp because of their political opposition. In subsequent years, not only Jews but also homosexuals, gypsies, Jehovah's Witnesses and all German citizens unpopular with the regime, including many clergymen, were detained here. In the wake of the so-called "Reichskristallnacht" (Night of Broken Glass) more than 10,000 Jews were brought to Dachau and the camp became a place of mass murder. Beginning in October 1941, several thousand Soviet prisoners of war were taken away to Dachau and shot. Numerous detainees were killed through medical experiments. In addition to around 31,000 registered deaths, a further 1,000 non-registered prisoners died from weakness, torture, illness, the cold or despair. At the end of April 1945, with the triumphant advance of the allied troops, the SS began evacuating their external camps. On 27 April 1945 around 7,000 prisoners from Dachau were dispatched on a march south, the so-called "death march". One day later, on 28 April, the SS left the camp and on 29 April it was liberated by units of the U.S. army. Former prisoners initiated the establishment of a memorial, founding the "Comité International de Dachau", which had already existed as a secret organization before the liberation. On 9 May 1965 the "Concentration Camp Memorial Site of Dachau" was opened together with a museum.

Today Dachau can look confidently ahead as a lively, modern town with excellent economic prospects, thriving commerce and increasing trade, international high-tech firms and established workshops. Good transportation with motorway connections in all directions, a fast suburban train connection to the nearby Bavarian capital Munich and proximity to the airport at Erding make Dachau a favourable business and residential location.
Dachau, which became a chief district town in 1973, offers its residents a high quality of life with a well-developed infrastructure, a secure job market, many leisure facilities and a rich art and cultural scene. Dachau is however above all also a town which has retained strong links with its traditions and maintains them confidently without nostalgia or insincerity. The successful combination of local traditions with modern attitudes has on the one hand been achieved by the many organizations and freelance artists and on the other by municipal cultural policy with exhibitions and concerts of international standing. The Dachau art gallery has an important collection of paintings documenting the work of the artists' colony in the 19th and early 20th centuries. In the Neue Galerie (New Gallery), a converted factory, an exhibition of modern art, also from beyond the Dachau region, is held several times a year, and the artists' association of Dachau has its own gallery, providing freelance artists from the area with a platform for quality modern art. With its membership of EuroArt, an organization of European artists' colonies founded in Brussels in 1994, an important step was taken towards integrating Dachau into the European cultural scene and enabling it to contribute towards international understanding, peace and the development of a European identity. Through the maintenance and preservation of the joint European cultural heritage, Dachau may also succeed in redefining its international position on a permanent basis.

Der Mühlbach fließt am Fuß des Schloßbergs parallel zur Amper entlang der Brunngartenstraße, an der die beiden Galerien für zeitgenössische Kunst liegen. Danach führt der Bachlauf durch die Heinrich-Nicolaus-Anlage mit dem »Pflegezentrum Steinmühle«, dem ehemaligen Gasthaus »Zur Steinmühle«.

The Mühlbach flows along the bottom of the Schlossberg (palace hill) parallel to the Amper and bordering the Brunngartenstrasse, where the two galleries of modern art are located. It then continues through the Heinrich-Nicolaus complex with the "Steinmühle residential and nursing home" in what was once the restaurant "Zur Steinmühle".

Von der Ludwig-Thoma-Wiese aus hat man einen schönen Blick auf die historischen Gebäude der Altstadt, die würdevoll am Hang stehen und das Kennzeichen der Dachauer Stadtsilhouette sind. Die herrschaftlichen Fassaden des alten Rathauses und des Zieglerbräus atmen bis heute die Aura des alten Marktes. *(Seite 14/15)*

From the Ludwig-Thoma-Wiese there is a fine view of the historic buildings of the old town, imposingly arrayed on the hillside to form the silhouette that is the symbol of Dachau. The noble façades of the old town hall and the Zieglerbräu have retained the atmosphere of by-gone eras. *(Page 14/15)*

Die Brücke über die Amper verbindet die Ludwig-Thoma-Straße mit der Münchner Straße. Ursprünglich aus Holz, mußte sie 1928 einer steinernen Brücke weichen. Am 29. April 1945, wenige Stunden vor dem Einmarsch der amerikanischen Befreiungstruppen in Dachau, wurde sie von Soldaten der Wehrmacht gesprengt, im selben Jahr, nach Kriegsende, aber wieder hergestellt. Die Muschelkalk-Skulptur des heiligen Christophorus aus dem Jahr 1929 ist architektonischer Bestandteil der Brücke und stammt vom Dachauer Bildhauer Walter von Ruckteschell. *(Seite 16)*

Das weithin sichtbare Dachauer Schloß gilt als das Wahrzeichen der Stadt. Es entstand aus einer spätgotischen Burg, von der noch Fundamente und Mauerreste im heutigen Bau stammen. Von der einstigen imposanten Vierflügelanlage, einer Sommer- und Jagdresidenz des Hauses Wittelsbach, sind nur mehr der Südwestflügel mit dem prächtigen Renaissancesaal und drei von ehemals vier Ecktürmen erhalten: Anfang des 19. Jahrhunderts ließ König Max Joseph I. von Bayern Teile des Schlosses abreißen, da die Anlage in den Napoleonischen Kriegen durch die französischen Truppen sehr beschädigt worden war.

Dachau Palace, visible for miles around, is the symbol of the town. Incorporated in the present building are the foundations and fragments of the late Gothic castle which preceded it. Of the original imposing four-wing complex, a summer residence and hunting lodge of the Wittelsbachs, only the southwest wing with its magnificent Renaissance hall and three of the four corner towers have remained. At the beginning of the 19th century King Max Joseph I of Bavaria had parts of the palace pulled down after extensive damage by the French troops in the Napoleonic Wars.

The bridge over the Amper connects the Ludwig-Thoma-Strasse with the Münchner Strasse. The sculpture of St Christopher, made of Muschelkalk and dating from 1929, forms part of the bridge and is the work of the Dachau sculptor Walter von Ruckteschell. *(Page 16)*

Die verträumte Stimmung des alten Marktes ist noch an der Ziegelmauer am Karlsberg zu spüren. Sie säumt die Straße des ehemaligen Kühbergs, der nach seinem Ausbau 1790 unter dem bayerischen Kurfürsten Karl Theodor in Karlsberg umbenannt wurde. Die Mauer wurde 1790 errichtet, als das Niveau der Straße angehoben wurde, um das steile Gefälle zu mindern. Das Münchner Tor, das am oberen Straßenknick den Zugang in den Markt sicherte, fiel dem Ausbau der Straße zum Opfer. *(Seite 17)*

The brick wall on the Karlsberg is a reminder of what the old market town must have originally been like. The wall borders the road on the hill originally known as the Kühberg, which was renamed Karlsberg after its development in 1790 under the Bavarian elector Karl Theodor. It was built in 1790 when the level of the road was raised in order to reduce the steepness of the gradient. *(Page 17)*

Der alte Brunnen am Karlsberg wird gespeist aus Wasser, das vom Berg herabrieselt, in Becken gesammelt wird und über Leitungen in den Brunnen fließt.

The old fountain on the Karlsberg is fed from water which runs down the hill, is collected in basins and flows through pipes into the fountain.

Von jeher war der steile Anstieg des Karlsbergs gefürchtet, der von allen Reisenden und Fuhrwerken bewältigt werden mußte, die von München kommend in den Markt fuhren oder ihn in Richtung Süden verließen. Nicht selten passierten schwere Unfälle mit umgestürzten oder kollidierten Wägen.

The steep ascent of the Karlsberg was always feared. All horse-drawn carts coming from Munich to the market town or leaving it in a southerly direction had to tackle it. Bad accidents, when vehicles overturned or collided, were not uncommon.

Vom Karlsberg führt die Johann-Altherr-Treppe durch die erneuerte Mauer zur Südseite des Rathauses. Von der dort befindlichen Terrasse aus hat man einen unvergleichlichen Blick nach München. *(Seite 19)*

From the Karlsberg the Johann-Altherr-Treppe leads down through the renovated wall to the south side of the town hall. From the terrace here there is a splendid view of Munich. *(Page 19)*

Der Erweiterungsbau des Rathauses wurde als Verbindung zwischen dem alten Rathaus (links im Bild) und dem benachbarten, historischen Lebzelter- und Wachszieherhaus (rechts) errichtet. Am 24. September 1976 wurde das Rathaus eingeweiht. *(Seite 20/21)*

The new town hall complex, inaugurated on 24 September 1976, incorporates the old town hall (on the left) and the neighbouring historic chandler's house (right). *(Page 20/21)*

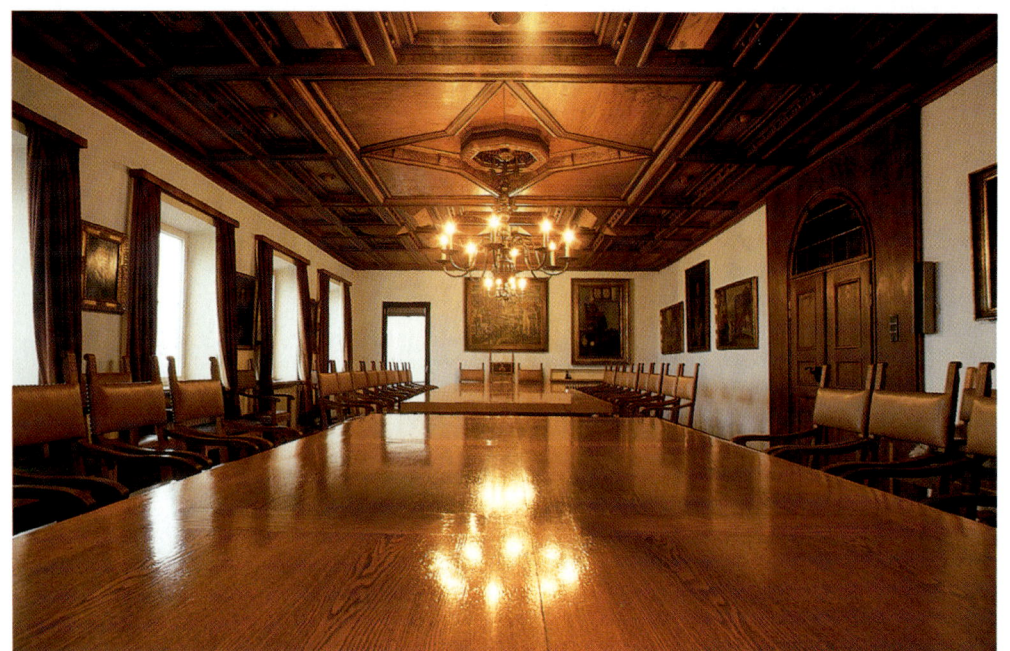

1904 stellte der Münchner Architekt Professor Emanuel Seidl die Vermutung auf, daß die geschnitzte Kassettendecke im damaligen Sitzungssaal ursprünglich aus dem Schloß stammte und zu Beginn des 19. Jahrhunderts ins Rathaus gebracht wurde. Beim Abriß und Wiederaufbau des Rathauses 1934 wurde die Holzdecke auch im neuen Gebäude eingebaut. Damit sie in den Raum paßte, mußten am Rand Kassetten ergänzt werden.

In 1904 the Munich architect Professor Emanuel Seidl discovered that the carved coffered ceiling in what was then the conference hall had very probably originally been installed in the palace and had been transferred to the town hall at the beginning of the 19th century. When the town hall was pulled down and rebuilt in 1934, the wooden ceiling was also put up in the new building. To make it fit the room, extra coffers had to be added at the edge.

Im ganzen Rathaus hängen in den Fluren und Amtszimmern Gemälde, die in der Dachauer Künstlerkolonie entstanden sind und von Oberbürgermeister Dr. Lorenz Reitmeier erworben wurden. Der 1890 in Oldenburg geborene Hermann Böcker gehört zur Folgegeneration der Dachauer Maler, die das Moos als Motiv entdeckten. 1973 vermachte der Aquarellmaler als Stiftung der Stadt Dachau einen Zyklus von 52 Moorbildern, der ebenfalls im Rathaus zu sehen ist.

The halls and offices throughout the town hall are decorated with paintings by members of the Dachau artists' colony which were acquired by the mayor Dr. Lorenz Reitmeier. Hermann Böcker, born in Oldenburg in 1890, belonged to the generation that came after the Dachau painters who discovered the moor as a motif. In 1973 the watercolour painter donated a cycle of 52 moor paintings to the town of Dachau, which also hang in the town hall.

Hell und freundlich wirkt der neue Sitzungssaal durch eine zurückhaltende Farbgebung und große Glasflächen, die sich ins Innere des Rathauses öffnen.

The conference hall has a bright and cheerful appearance with its soft colours and large areas of glass opening on to the interior of the town hall.

Eine moderne und gleichzeitig zurückgenommene Architektur kennzeichnet das neue Rathaus, dessen Fassade durch Glas und aufwendige architektonische Details wie Gesimse und einen Balkonfries über dem Eingang aufgelockert ist. Der Bildhauer Reinhold Grübl wurde mit den Steinarbeiten betraut, die im Einklang mit der Architektur stehen. Die achteckigen Prellsteine aus Granit vor dem Rathaus dienen dazu, den Platz optisch zu gliedern und für den Autoverkehr unzugänglich zu machen. Zudem sind sie eine Sitzgelegenheit für Passanten und laden zum Verweilen ein.

The new town hall is a mixture of modern and historic architectural features, its façade attractively designed with glass and elaborate architectural details such as ledges and the frieze decorating the balcony above the entrance. The sculptor Reinhold Grübl was responsible for the stonework, which blends in with the architecture.

Das Altherr-Anwesen, so benannt nach seinen ehemaligen Besitzern, der Lebzelter- und Wachszieher-Familie Altherr, ist eines der ältesten Bürgerhäuser Dachaus. Seine historische Fassade aus dem 17. Jahrhundert konnte beim Bau des neuen Rathauses erhalten bleiben. *(Seite 24)*

The Altherr property, which takes its name from its former owners, the gingerbread baker and chandler family Altherr, is one of the oldest town houses in Dachau. Its historic façade dating from the 17th century was preserved when the new town hall was built. *(Page 24)*

Blick von der Südseite des Rathauses auf das ehemalige Bezirksamt, das heute Diensträume der Stadtverwaltung, unter anderem auch das Stadtarchiv, beherbergt. 1718 wurde im »Hafenhaus«, wie das Gebäude ehemals genannt wurde, das Hoffuttermeisteramt untergebracht. Ein Jahrhundert später, 1813, wurde es Sitz des Landgerichts Dachau. 1862 trennte man in ganz Bayern das Justizwesen von der übrigen Verwaltung. In diesem Zuge wurde das alte Landgericht in »Bezirksamt Dachau« umbenannt und einem Bezirksamtmann, dem späteren Landrat, unterstellt. 1865 übernahm das »Königliche Bezirksamt Dachau« das Gebäude. *(Seite 25)*

View from the south side of the town hall of the former district office, which is today used for administrative purposes and also houses the town archives. *(Page 25)*

In der verglasten Fassade des neuen Rathauses spiegelt sich der alte Markt: An der Nordseite der Turm von St. Jakob und an der Südseite die alte Burgfriedensäule. Die Marmorsäule, die ein unbekannter Künstler 1816 schuf, stand einst an der Straßenecke Konrad-Adenauer-/Mittermayerstraße, wo sie zusammen mit einem Zollhaus den alten Markt eingrenzte. Als Zeugnis des alten Marktes fand sie auf der Rathausterrasse einen neuen Platz.

The old marketplace is reflected in the glass façade of the new town hall: on the north side the tower of St Jakob and on the south side the old marble pillar which was made by an unknown artist in 1816 and originally stood on the corner of Konrad-Adenauer-Strasse and Mittermayerstrasse, where it marked the boundary of the old market-place together with a customs house. As a relic from the original market-place it was given a new location on the town hall terrace.

Einer der vielen verträumten Winkel der Altstadt: Aufgang zur Pfarrkirche St. Jakob von der Apothekergasse. Hier wurde 1803 die erste Dachauer Apotheke eröffnet.

One of the many historic features of the old town: the ascent to the parish church of St Jakob from the Apothekergasse. The first Dachau apothecary was opened here in 1803.

Vom ehemaligen alten Schloßgraben, der stimmungsvollen Hexengasse, führt neben dem Kochwirt-Anwesen ein Spazierweg durch einen malerischen Torbogen zur Augsburger Straße.

From the former old palace moat, the attractive Hexengasse, a path leads past the Kochwirt property through a picturesque gateway arch to Augsburger Strasse.

Blick in die Pfarrkirche St. Jakob, deren elegante Architektur der Spätrenaissance den Eindruck bestimmt. Bereits im 13. Jahrhundert befand sich an dieser Stelle ein romanisches Gotteshaus, das in der Spätgotik umgestaltet wurde. Der Chor wurde 1584/86 von Friedrich Sustris, dem Erbauer der Münchner Michaelskirche, verändert. Das heutige Langhaus entstand 1624 nach Entwürfen des bedeutenden bayerischen Bildhauers Hans Krumpper. Eine Rarität in oberbayerischen Kirchen ist der spärliche, frühbarocke Rahmenstuck.

The interior of the parish church of St Jakob, with its elegant late Renaissance architecture. There was already a Romanesque church on this site in the 13th century, which was rebuilt in the late Gothic style. The present nave was designed by the important Bavarian sculptor Hans Krumpper and dates from 1624. The sparse, early baroque frame stucco-work is a rarity in an Upper Bavarian church.

Blick von der Schloßgasse aus auf das zur Pfarrkirche St. Jakob benachbarte Lina-Hölzl-Haus mit seinem romantischen Turmerker, in dem sich das städtische »Amt für Kultur, Fremdenverkehr und Zeitgeschichte« befindet. Karolina Hölzl hatte das Anwesen 1930 gekauft und dort das »Kaufhaus Lina Hölzl«, ein Geschäft für Mode- und Putzwaren, betrieben.

A view from the Schlossgasse of the Lina-Hölzl House, next to the parish church of St Jakob, where the municipal "Office of culture, tourism and contemporary history" is located. Karolina Hölzl bought the property with its romantic tower gable in 1930 and opened the Lina Hölzl department store, which sold fashion articles and trimmings.

Unmittelbar an St. Jakob grenzt die Schranne an, die nach mehrfachen Umbauten heute als Markthalle und Gastronomiebetrieb genutzt wird. Sie geht auf die ehemalige Kirchenschule mit einem Gebäude aus dem Jahr 1832 zurück. Ab 1885 kam eine Schrannenhalle mit einem Waaglokal zu dem Anwesen. Auf dem Schrannenplatz vor der Kirche boten an Markttagen die Bauern aus der Umgebung ihre landwirtschaftlichen Erzeugnisse, vor allem aber Getreide, feil, das in der Schranne gewogen wurde.

Next to St Jakob is the grain market, which has been rebuilt several times and is now used as a market hall and restaurant. It was originally the location of a church school built in 1832. From 1885 a grain market hall with a weighing place was built on the property. On market days the farmers from the area sold their agricultural products on the square in front of the church, in particular grains, which were first weighed in the grain market.

Auf dem Rathausplatz gegenüber der Dachauer Gemäldegalerie steht der Taschner-Brunnen. Sein Schöpfer Ignatius Taschner (1871–1913) verbrachte viele Jahre in Dachau. Er schuf die Illustrationen zu Ludwig Thomas »Wittiber« und zum »Heiligen Hies«. 1907 hatte er begonnen, in Mitterndorf sein Wohnhaus, die Taschner-Villa, zu bauen, deren Vollendung er nicht mehr erlebte. Der Brunnen besteht aus einem achteckigen Bassin mit einer Säule in der Mitte. Aus vier Löwenkopf-Reliefen tritt Wasser, den oberen Säulenabschnitt schmücken vier Bauernpaare.

Opposite the Dachau Art Gallery on the Rathausplatz (town hall square) stands the Taschner Fountain. Its creator Ignatius Taschner (1871–1913) spent many years in Dachau, and also illustrated two books by Ludwig Thoma. In 1907 he started building a house for himself, the Taschner Villa, which he did not however live to see completed. The fountain consists of an octagonal basin with a column in the middle.

Das Raufferhaus wurde 1892 vom Schneidermeister Max Rauffer erbaut. Es ist eines der bekanntesten Dachauer Häuser, denn hier unterhielt der große bayerische Dichter und Schriftsteller Ludwig Thoma von 1894 bis 1897 als erster niedergelassener Rechtsanwalt eine Kanzlei. An der Eingangstüre im Gang sind Zitate aus Werken Thomas angebracht, die einen Bezug zu Dachau haben. Der Dichter verarbeitete seine Erfahrungen als Anwalt mit den Dachauer Bauern unter anderem in seinem ersten Erzählungsband »Agricola – Bauerngeschichten«, dessen sämtliche Dialoge in Mundart geschrieben sind.

The Rauffer House was built in 1892 by the tailor Max Rauffer. It is one of the best known houses in Dachau, since the great Bavarian poet and writer Ludwig Thoma had chambers here from 1894 to 1897, as the first lawyer to practise in the town. On the doors in the corridor are quotes from works of Thoma relating to Dachau.

Direkt an das Lina-Hölzl-Haus grenzt das Sparkassengebäude mit der »Dachauer Gemäldegalerie« im Obergeschoß. Ursprünglich war die Gemäldesammlung seit ihrer Begründung 1908 im Dachauer Schloß beheimatet. 1985 konnte sie nach jahrzehntelanger Auslagerung durch die Kooperation von Zweckverband Dachauer Galerien und Museen und dem Museumsverein Dachau e.V. am neuen Standort untergebracht werden. Bedeutende Exponate aus der Blütezeit der Dachauer Künstlerkolonie geben einen eindrucksvollen Einblick in die Münchner und Dachauer Freilichtmalerei. Anstelle des Gebäudes, in dem die Sparkasse noch vor dem Zweiten Weltkrieg ihre damalige Hauptstelle einrichtete, stand einst das »Heuglhaus«, in dem sich in der zweiten Hälfte des 18. Jahrhunderts die Gerichtsschreiberei befand. Danach verkam es zum Stadel, bis ein Neubau errichtet wurde, der 1856 durch Erbschaft in den Besitz der Familie Ziegler gelangte. Brauereibesitzer Eduard Ziegler verkaufte das Haus 1933 an die Marktgemeinde, die ihre Amtsräume dorthin auslagerte, denn das Rathaus mußte wegen Einsturzgefahr geräumt werden. Für kurze Zeit waren auch die »Politische Zentrale Dachau der NSDAP« sowie die Geschäftszimmer der SS und SA im Zieglerhaus untergebracht. *(Seite 29)*

Adjoining the Lina-Hölzl House is the bank building with the Dachau Art Gallery on the upper floor. The art collection, founded in 1908, was originally kept in Dachau Palace. In 1985, after decades of storage, it was installed in its new location as a result of the combined efforts of the administration union of Dachau galleries and museums and the museum association of Dachau. With its important exhibits from the heyday of the Dachau artists' colony, it is an impressive documentation of open-air painting by the artists of Munich and Dachau. The present building, where the savings bank established its headquarters before the Second World War, was preceded by the Heugl House, which housed the clerks of the court in the second half of the 18th century. It subsequently deteriorated and was used as a barn, and then finally replaced by a new building, which in 1856 was inherited by the Ziegler family. The brewery owner Eduard Ziegler sold the house to the town in 1933, which transferred its offices there when the town hall had to be evacuated because it was in danger of collapse. For a short time the "Political Centre of the NSDAP Dachau" and the offices of the SS and SA were located in the Ziegler House. *(Page 29)*

Im Januar 2005 wurde die Gemäldegalerie nach grundlegender Renovierung wiedereröffnet. In hell durchlichtetem Ambiente und mit einer neuen museumspädagogischen Konzeption erlaubt sie einen Streifzug durch die Künstlerkolonie und deren Ausläufer von der Mitte des 19. bis zum letzten Viertel des 20. Jahrhunderts. Übersichtlich werden der um die vorletzte Jahrhundertwende herrschende Stilpluralismus und die verschiedenen Entwicklungen in der Malerei dargestellt. Durch eine Wandkarte im Foyer wird erstmalig die Stellung Dachaus im Zusammenhang mit den europäischen Künstlerkolonien dokumentiert. Einen großen Bereich nimmt die Frühzeit der Dachauer Freilichtmalerei ein, als die Maler das Licht und die einzigartige Morphologie des Mooses entdeckten. Herzstück der Sammlung sind die »Neu-Dachau«-Räume, in denen die gegenseitige Beeinflussung von Adolf Hölzel, Ludwig Dill und Arthur Langhammer offensichtlich wird. Zwischen 1895 und 1905 entwickelten die »Neu-Dachauer« neue Ideen und fanden zu einem wegweisenden künstlerischen Stil. Neben der traditionsverhafteten Biedermeiermalerei ist der um die Wende zum 20. Jahrhundert kühl herausragende Jugendstil ebenso vertreten wie expressionistische Tendenzen oder frühe Abstraktion. Den Weg Dachaus in die Gegenwartskunst weisen Werke von Fred Arnus Zigldrum, Heinz Braun und Rudi Tröger.
Im Graphischen Kabinett kann man sich in anschaulicher Präsentation über die verschiedenen Drucktechniken informieren. Neben Graphik an den Wänden liegen in den flachen Schubladen von Graphikschränken viele Beispiele für Hoch-, Tief-, und Flachdruck sowie Zeichnungen.

In January 2005 the art gallery was reopened after complete renovation. Brightly lit and based on a new didactic concept, it provides an overview of the artists' colony and its successors from the mid-19th century to the last quarter of the 20th century. A clear picture is given of the pluralism of styles at the end of the 19th century and the various developments in painting. The wall map in the foyer puts Dachau in a European context as an artists' colony for the first time. Considerable space is devoted to the early years of Dachau open-air painting, when the artists discovered the light and unique morphology of the moor. The focal point of the collection is the "New Dachau" rooms, where the mutual influence of Adolf Hölzel, Ludwig Dill and Arthur Langhammer becomes evident. Between 1895 and 1905 the "New Dachauers" developed new ideas and a forward-looking artistic style. At the turn of the century traditional Biedermeier painting existed alongside art nouveau, expressionist tendencies and even early abstraction. Dachau's route to modern art is illustrated by works by Fred Arnus Zigldrum, Heinz Braun and Rudi Tröger.
The Graphics Cabinet clearly illustrates the various printing techniques.

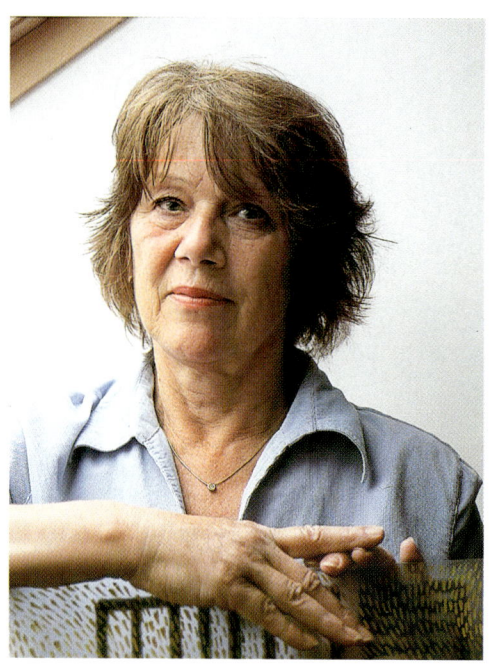

Dachau ist eine der wenigen europäischen Künstlerkolonien, die ihre Tradition in einer zeitgenössischen Kunstszene erfolgreich fortführt. Nach der Zäsur durch die beiden Weltkriege hat sich eine aktive, spannende und kritische Kunstszene entwickelt, die durch viele regionale und überregionale Ausstellungen und durch internationales Engagement Dachaus Profil als Kunststadt zunehmend schärft. In Dachau leben viele freischaffende Künstler, die ihre Ausstellungen in Eigeninitiative veranstalten oder in der KVD, der Künstlervereinigung Dachau, organisiert sind.

Die KVD wurde 1927 gegründet, die ersten beiden Vorsitzenden waren damals Hermann Stockmann und Walter von Ruckteschell. Die KVD, heute ein gemeinnütziger Verein mit rund fünfzig aktiven Mitgliedern und etwa ebenso vielen Fördermitgliedern, unterhält eine eigene Galerie, in der acht Ausstellungen pro Jahr stattfinden, darunter eine Mitgliederausstellung am Jahresende.

Gezeigt werden hier die Galerie der KVD während der Ausstellung von Gertrude Oehm-Rudert (Seite 33 rechts unten) und die Künstlerinnen und Künstler Gebhard Schmidl, Kattrin Schürmann, Annekathrin Norrmann, Wolfgang Sand, Karl Huber und Heinz Eder (Seite 32 von links oben nach rechts unten); Christine Sattler-Nefzger, Heiko Klohn, Herta Minzlaff und Klaus Eberlein (Seite 33 von oben nach unten) in ihren Ateliers oder bei Vernissagen.

Dachau is one of the few European artists' colonies which has kept going and moved onto the contemporary art scene. After the gap caused by the two world wars, an active, exciting and critical art scene developed which is increasingly enhancing Dachau's reputation as an art town through the many regional and national exhibitions and international activities. Many freelance artists live in Dachau, and organize their exhibitions either independently or with the assistance of the artists' association of Dachau, the KVD. This was founded in 1927 and its first two chairmen were Hermann Stockmann and Walter von Ruckteschell. The KVD, today a charitable organization with around fifty active members and approximately as many friends of the organization, has its own gallery which puts on eight annual exhibitions, including a members' exhibition at the end of the year.

Depicted here are the KVD gallery during the exhibition by Gertrude Oehm-Rudert (page 33 bottom right) and the artists Gebhard Schmidl, Kattrin Schürmann, Annekathrin Norrmann, Wolfgang Sand, Karl Huber and Heinz Eder (page 32 from top left to bottom right); Christine Sattler-Nefzger, Heiko Klohn, Herta Minzlaff and Klaus Eberlein (page 33 from top to bottom) in their ateliers or at previews.

Die Gründung des Bezirksmuseums hängt eng mit der Gründung des Museumsvereins Dachau im Jahre 1903 zusammen, der der Initiative von Hermann Stockmann (1867–1938), August Pfaltz (1859–1917) und Hans von Hayek (1869–1940) zu verdanken ist. Durch die Bewahrung und Pflege von Brauchtum und durch intensives Sammeln legten sie den Grundstock für die Bestände des heutigen Bezirksmuseums. Mit seinen vielen Ausstellungsstücken und der umfangreichen Dokumentation, von der Vor- und Frühgeschichte bis hin zur Dachauer Tracht, gibt das Museum dem Besucher aufschlußreiche Informationen über das frühere Leben und Arbeiten im Dachauer Land. Hier der Kammerwagen, eines der Prunkstücke des im Herbst 2005 nach umfangreicher Renovierung und Umgestaltung wiedereröffneten Bezirksmuseums.

Auf dem Pfarrplatz steht seit 1954 der vom Dachauer Künstler und Bildhauer Wilhelm Neuhäuser geschaffene St.-Florians-Brunnen: Aus einem Eimer gießt der Schutzpatron Wasser auf brennende Häuser und soll damit an die früheren Brandkatastrophen, von denen auch der Markt Dachau nicht verschont blieb, erinnern. Die neuen Geländemauern zeichnen den Grundriß des ehemals hier befindlichen Freibankgebäudes nach. So wird die Geschichte der Altstadt durch eine moderne Stadtgestaltung erkennbar gemacht und gleichzeitig lebendig gehalten.

Eines der urigsten Dachauer Gasthäuser ist der Kochwirt gegenüber der Stadtpfarrkirche St. Jakob. Die Gaststätte verdankt ihren Namen dem Koch August Treuter aus Puchheim, der das Haus zwischen 1808 und 1812 erwarb. Mit der zunehmenden Industrialisierung im 19. Jahrhundert stieg auch die Zahl der Fabrikarbeiter in Dachau kräftig an. Der Kochwirt wurde zum beliebten Treffpunkt der Dachauer Arbeiter, die niedrige Preise bevorzugten und deshalb die bürgerlichen Brauereiwirtshäuser wie den Zieglerbräu mieden.

The District Museum is closely linked with the museum association of Dachau that was founded in 1903 on the initiative of Hermann Stockmann (1867–1938), August Pfaltz (1859–1917) and Hans von Hayek (1869–1940). Through the preservation and maintenance of traditions and extensive collection they laid the foundation for the present District Museum. With its many exhibits and comprehensive documentation, the museum is a fascinating source of information about life and work in the Dachau area in the past, covering everything from the prehistory and early history of the region to Dachau costumes. Depicted here is the bridal wagon, one of the highlights of the District Museum, which was reopened in autumn 2005 after comprehensive renovation and redesign.

On the Pfarrplatz is the St Florian Fountain created in 1954 by the Dachau artist and sculptor Wilhelm Neuhäuser. The patron saint of water is pouring water from a bucket on burning houses, as a reminder of the fires from which Dachau too was not spared. The low walls that have been built around the fountain trace the outline of a shop trading in substandard meat that once stood on this spot. The history of the old town is thus documented and kept alive through specially designed modern features.

One of the most traditional restaurants is the Kochwirt opposite the parish church of St Jakob. It is named after the cook August Treuter from Puchheim, who acquired the house between 1808 and 1812. With the increasing industrialization of the 19th century the number of factory workers in Dachau rose steeply. The Kochwirt became a popular meeting place for the Dachau workers, who were not prepared to pay high prices and thus avoided the bourgeois brewery restaurants such as the Zieglerbräu.

Seit 1987 befindet sich das Bezirksmuseum im ehemaligen kurfürstlichen Kastenamt. Im 16. Jahrhundert erwarb Herzog Wilhelm das Anwesen und ließ Wohnung und Amtsgebäude für den Kastner, dem die Einziehung der Steuern oblag, errichten. Nachdem das Kastenamt bereits 1760 als baufällig bezeichnet wurde, entschloß sich die kurfürstliche Hofkammer 1790 zu einem Neubau im repräsentativen klassizistischen Stil. Zwei Porträtsilhouetten an der Fassade erinnern an den landesherrlichen Bauherrn Kurfürst Karl Theodor und seine Gemahlin Elisabeth Auguste. 1803 wurde es in »Königliches Rentamt Dachau« umbenannt und beherbergte danach bis 1985 das Finanzamt Dachau.

Since 1987 the District Museum has been housed in the former electoral tax office. In the 16th century Duke Wilhelm acquired the property and built a residence and offices for the tax collector. In 1760 the building was already classified as a ruin and in 1790 the electoral court chamber replaced it with a new building in a representative neoclassical style. On the façade are two portrait silhouettes of the Elector Karl Theodor and his wife Elisabeth Auguste. It was used by the subsequent tax authorities of Dachau until 1985.

Ein architektonisches Kleinod, das die pittoreske Atmosphäre der Vergangenheit verströmt, ist die Glaserei Eberle in der Wieningerstraße. Das Haus wurde nach seiner Restaurierung ausgezeichnet: Mit dem im Rahmen des Stadtentwicklungsplanes jährlich vergebenen Fassadenpreis beweist sich die Stadt Dachau als Förderin von Privatinitiativen für schönes Bauen. Der Preis soll ein zusätzlicher Anreiz für Dachauer Bürger und Hausbesitzer sein, die Fassaden ihrer Gebäude ansprechend zu gestalten und damit das authentische Erscheinungsbild ihrer Stadt zu erhalten und zeitgemäß zu verschönern. *(Seite 36)*

The splendid building housing the Eberle glazier's workshop picturesquely recreates the past and was awarded a prize after its renovation: The façade prize presented annually as part of the municipal development plan is intended as an additional incentive for Dachau citizens and house owners to preserve the authentic appearance of their town with beautifully designed façades. *(Page 36)*

Auf dem Pfarrplatz, der von einer Gruppe alter Bürgerhäuser, darunter das fast originalgetreu wiedererrichtete Hagn-Anwesen, gesäumt wird, entfaltet sich während des Altstadtfestes und während des von der Stadt Dachau ausgerichteten Musiksommers eine Stimmung wie auf einer italienischen Piazza. *(Seite 37)*

The Pfarrplatz, bordered by a group of old town houses, has the lively atmosphere of an Italian piazza during the old town festival and the summer music festival organized by the town of Dachau. *(Page 37)*

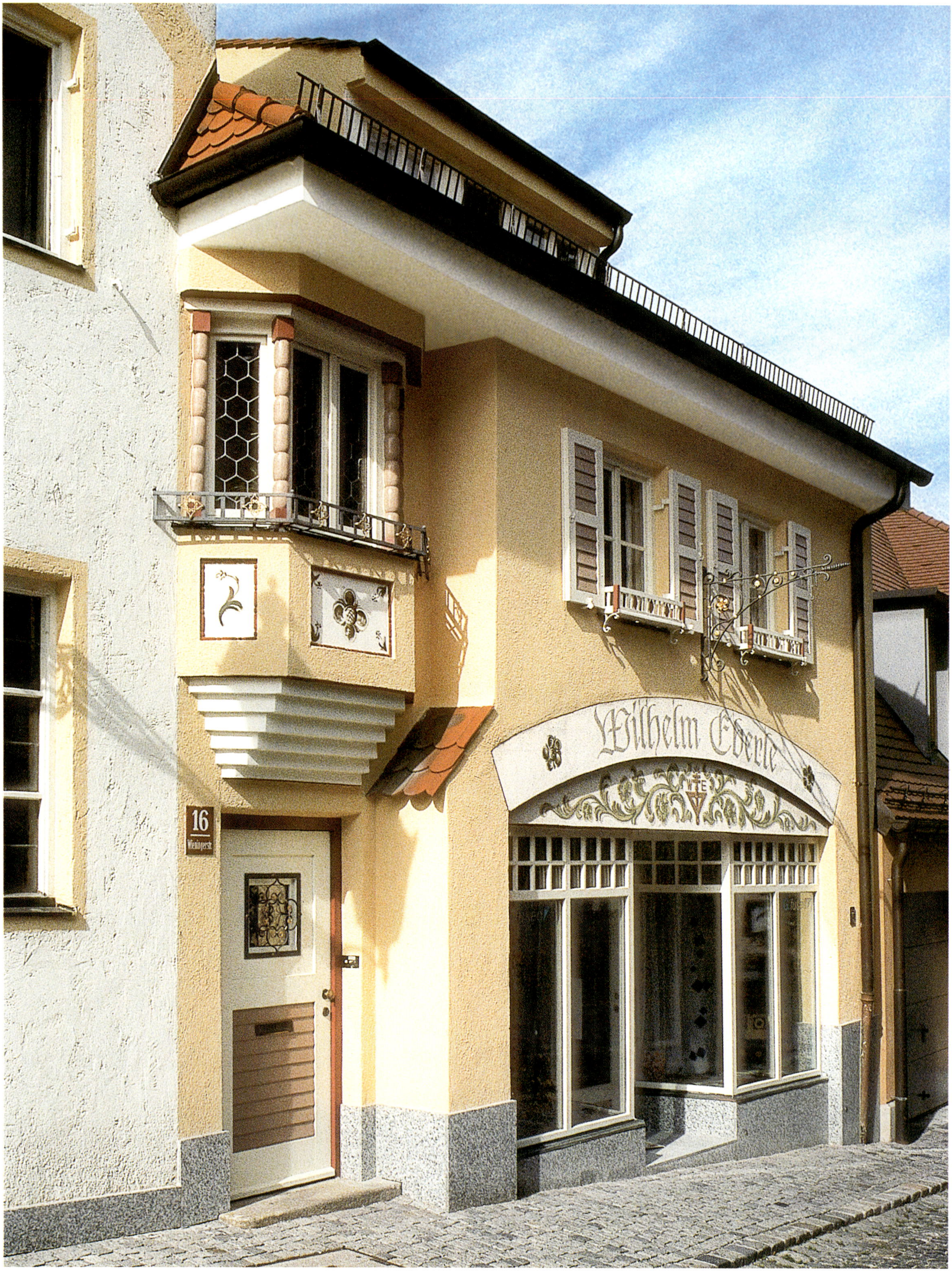
Wilhelm Eberle
16

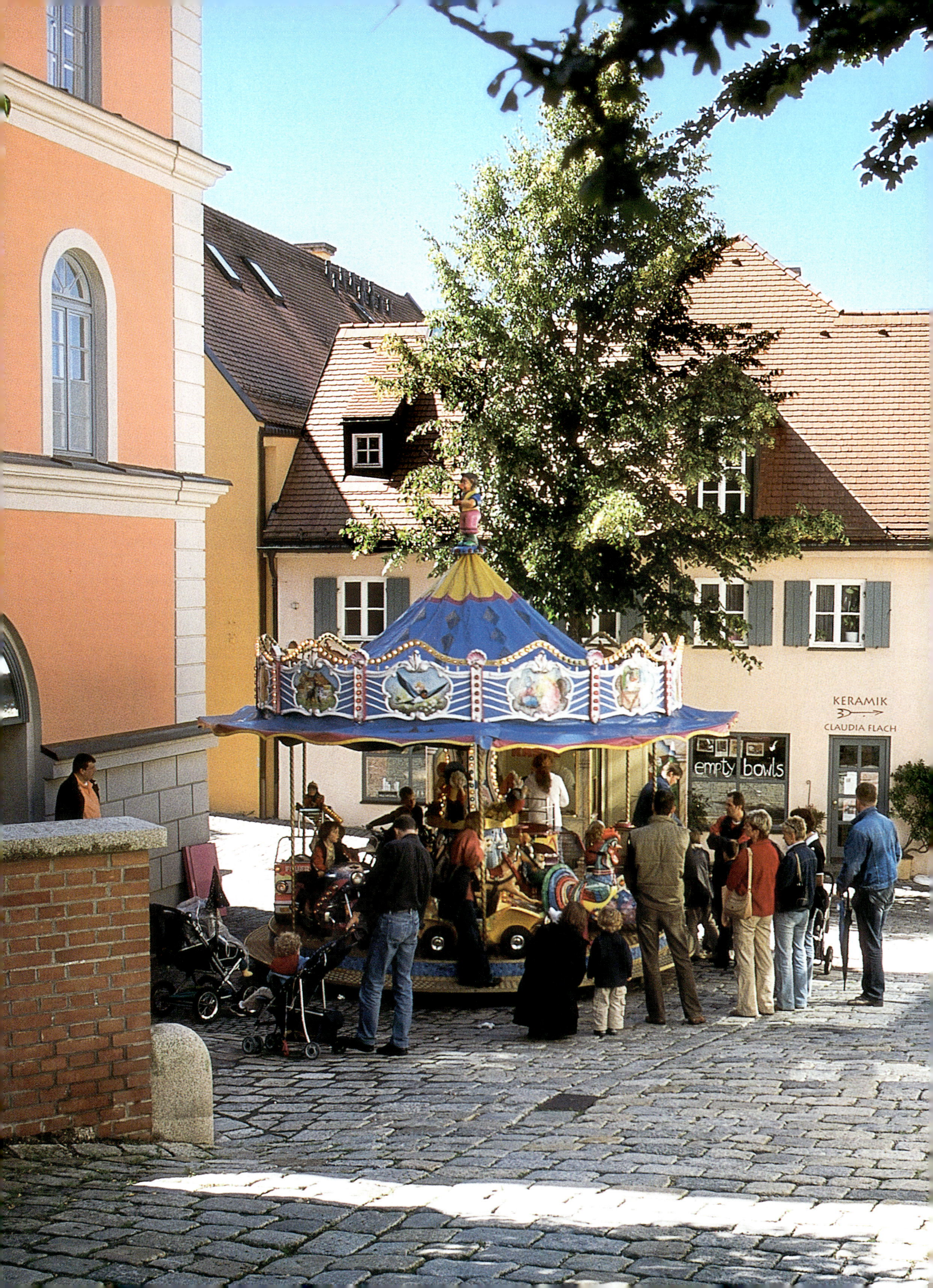
KERAMIK
CLAUDIA FLACH
empty bowls

Der zwischen 1788 und 1792 von Johann Straßgschwandner geschaffene Roßmarktbrunnen schmückte ursprünglich den Rathausplatz. Mehrmals wurde er im Lauf der Geschichte abgebaut und wieder aufgestellt, bis 1948 ein Bus in den Brunnen fuhr und ihn so stark beschädigte, daß man ihn 1954 endgültig entfernen ließ. Auf Drängen des ehemaligen Bürgermeisters Hans Zauner errichtete man ihn 1967 an der Ecke Jocher-/Freisinger Straße. 1986 veranlaßte der damalige Oberbürgermeister Dr. Lorenz Reitmeier, daß der Brunnen in die Konrad-Adenauer-Straße versetzt und neu eingeweiht wurde. Die Fahrbahn wird um ihn herumgeführt, damit wirkt er zugleich als Zeichen für den Beginn der inneren Altstadt.

The Rossmarkt Fountain created between 1788 and 1792 by Johann Strassgschwandner originally stood on the Rathausplatz. It was taken down and put up again several times in the course of its history, until it was so badly damaged in 1948 when a bus ran into it that it was removed permanently in 1954. At the insistence of the former mayor Hans Zauner it was put up in 1967 on the corner of Jocherstrasse and Freisinger Strasse. In 1986 the then mayor Dr. Lorenz Reitmeier had the fountain removed to Konrad-Adenauer-Strasse and newly inaugurated. The road is routed round it, so that it also marks the beginning of the old town.

Zwischen den hohen Fassaden des Bezirksmuseums (links im Bild) und des ehemaligen Bezirksamts (rechts) führt ein schmaler Fußweg, die Schloßgasse, zum Schloßplatz hinauf. Hier der Blick Richtung Konrad-Adenauer-Straße und Lina-Hölzl-Haus.

Between the high façades of the District Museum (on the left in the picture) and the former district office (on the right), a narrow path, the Schlossgasse, leads up to the Schlossplatz (palace square). Depicted here is the view down to Konrad-Adenauer-Strasse and the Lina-Hölzl House.

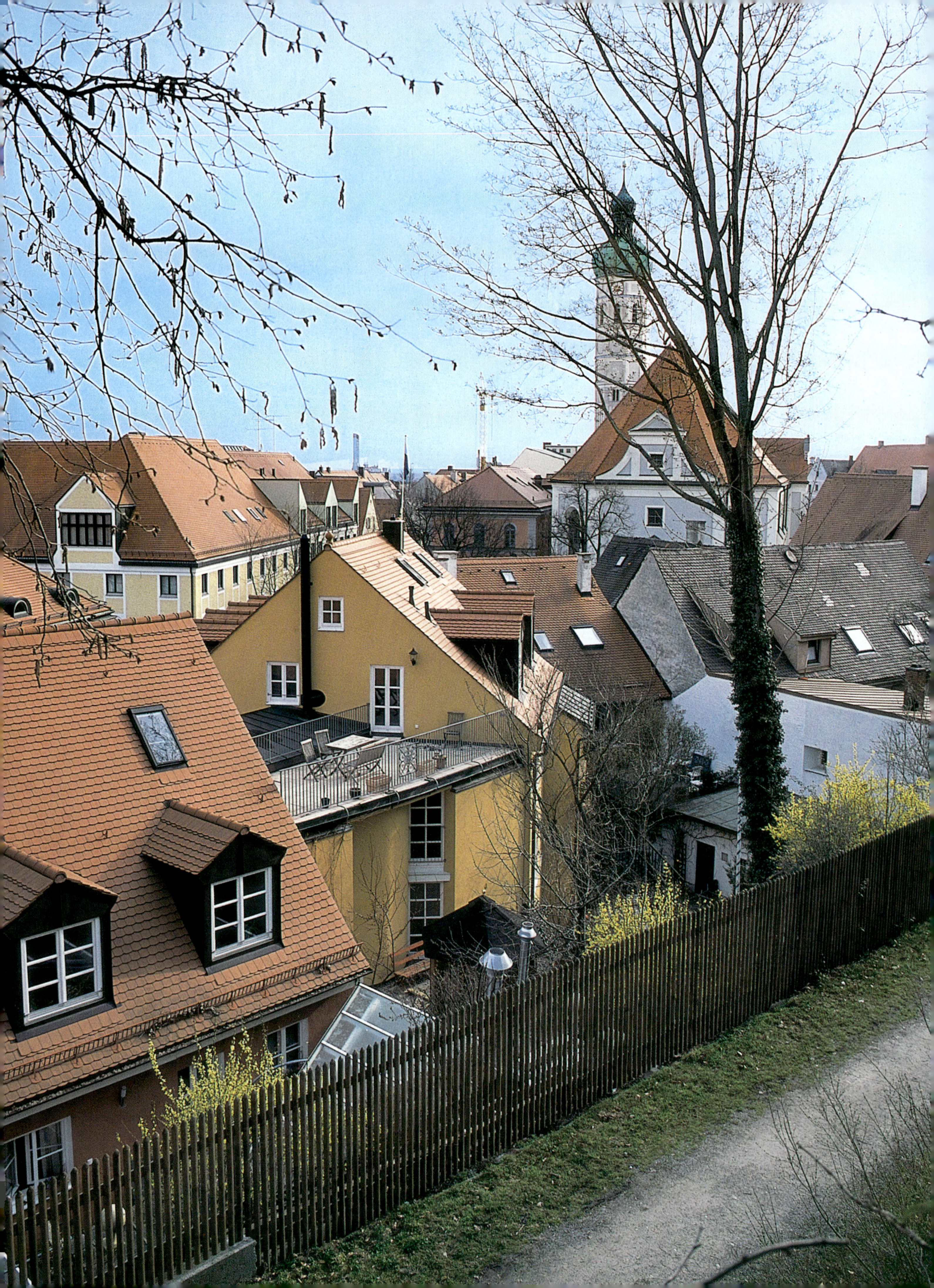

Vom Schloßberg aus hat man eine herrliche Aussicht über die Dächer von Dachau mit der Pfarrkirche St. Jakob als Blickfang.
(Seite 40)

From the Schlossberg there is a splendid view over the roofs of Dachau with the parish church of St Jakob rising above them.
(Page 40)

Im Lauf der Jahrhunderte wurde der Schloßgarten mehrmals umgestaltet. Nachdem der Neubau des Schlosses unter den Herzögen Albrecht V. und Wilhelm IV. fertiggestellt war, wurde ab 1572 ein Renaissancegarten angelegt. An der Gestaltung des italienisch-französisch beeinflußten Villengartens waren die Münchner Hofbaumeister Friedrich Sustris und Wilhelm Egckl beteiligt. Die gesamte Fläche war in sechzehn geometrisch angeordnete rechteckige Felder gegliedert. Gepflanzt wurden südländische Obstbäume und Rebstöcke. Der Hofgarten war von einer Mauer umgeben und streng von der Landschaft abgegrenzt. Vollkommen neu angelegt wurde der Hofgarten im Zusammenhang mit der Umgestaltung des Festsaaltraktes: Von einem Nutzgarten verwandelte er sich unter Joseph Effner und seinem Bruder, dem damaligen Hofgärtner Johann Christoph Effner, in ein barockes Gartenparterre mit doppelläufiger und später beseitigter Freitreppe. Da der ursprüngliche Schloßgarten eine unregelmäßige Ausdehnung besaß, ließ Effner am Berghang zur Amper hin einen schnurgeraden Lindenlaubengang anlegen und betonte so den Eindruck einer rechteckigen Anlage. An diesen künstlerisch gestalteten Garten mit Broderien (niedrigen Hecken) und Zwergobstbäumen grenzte – durch ein Tor getrennt – der tiefer gelegene »äußere Garten«. Seine Ausdehnung erhielt dieser Bereich, der heutige »Englische Garten«, erst 1765 unter Kurfürst Max III. Joseph. Die natürlichen Höhen und Tiefen des vorhandenen Geländes wurden dabei möglichst natürlich, aber wirkungsvoll in die Gartenplanung mit einbezogen.
Das heutige Erscheinungsbild von Hofgarten und Englischem Garten geht noch größtenteils auf den königlichen Hofgarteninspektor Friedrich Ludwig von Sckell Anfang des 19. Jahrhunderts zurück. Von Sckell reduzierte den Hofgarten auf großflächige Wiesen mit Obstbäumen und ließ die barocke Freitreppe abbrechen. Den Englischen Garten gestaltete er als großzügiges, überschaubares Terrain mit Wiesen, Buschgruppen und Waldzonen, ganz im Sinne des damals herrschenden Ideals des klassisch-strengen, aber naturnahen Landschaftsgartens. Das grandiose Alpenpanorama und das steil zum Mühlbach abfallende Gelände bezog er in sein Landschaftsideal der reinen, erhabenen Natur mit ein.

Over the centuries the palace garden was redesigned several times. After the palace was rebuilt under Dukes Albrecht V and Wilhelm IV, in 1572 a Renaissance garden was begun. The Munich architects Friedrich Sustris and Wilhelm Egckl were involved in the design of this villa garden influenced by French and Italian styles. The whole area was divided into sixteen symmetrically arranged rectangular areas and planted with Mediterranean fruit trees and vines. The court garden was surrounded by a wall that separated it strictly from the surrounding countryside. It was completely redesigned at the same time as the ballroom tract and transformed by Joseph Effner and his brother, the former court gardener Johann Christoph Effner, from a kitchen garden to a baroque garden parterre with a double stairway, which was later removed. Since the original palace garden was of irregular dimensions, Effner laid out a perfectly straight pergola of lime trees on the slope leading down to the Amper, thus creating the impression that the garden was rectangular. This artistically designed garden with low hedges and dwarf fruit trees was bordered by the lower lying "outer garden", from which it was separated by a gate. This area, the "English Garden" was only extended in 1765 under Elector Max III Joseph. The existing contours of the grounds were incorporated as naturally as possible into the design of the garden but at the same time exploited to maximum effect.
The present appearance of the Court Garden and the English Garden is largely the work of the royal court garden inspector Friedrich Ludwig von Sckell. Sckell simplified the Court Garden, creating spacious meadows with fruit trees, and had the baroque stairway removed. The English Garden was a generously conceived, open park with meadows, groups of bushes and woodland areas, in line with the prevalent ideal of the classically severe but natural landscape garden. He incorporated the splendid alpine panorama and the land that fell steeply towards the Mühlbach in his design, which was based on the idea of pure, noble nature.

Berühmt ist die grandiose Fernsicht von der Aussichtsterrasse und dem Panoramaweg im Hofgarten über die Münchner Ebene. An klaren Tagen, besonders aber bei Föhn, kann man die Frauenkirche, den Olympiaturm und andere markante Bauwerke der bayerischen Landeshauptstadt mit bloßem Auge deutlich erkennen.

The splendid view from the terrace and the Panoramaweg in the Court Garden across the Munich plain is famous. On clear days, especially when the Föhn wind is blowing, the cathedral, the Olympic Tower and other striking buildings in the Bavarian capital can clearly be seen with the naked eye.

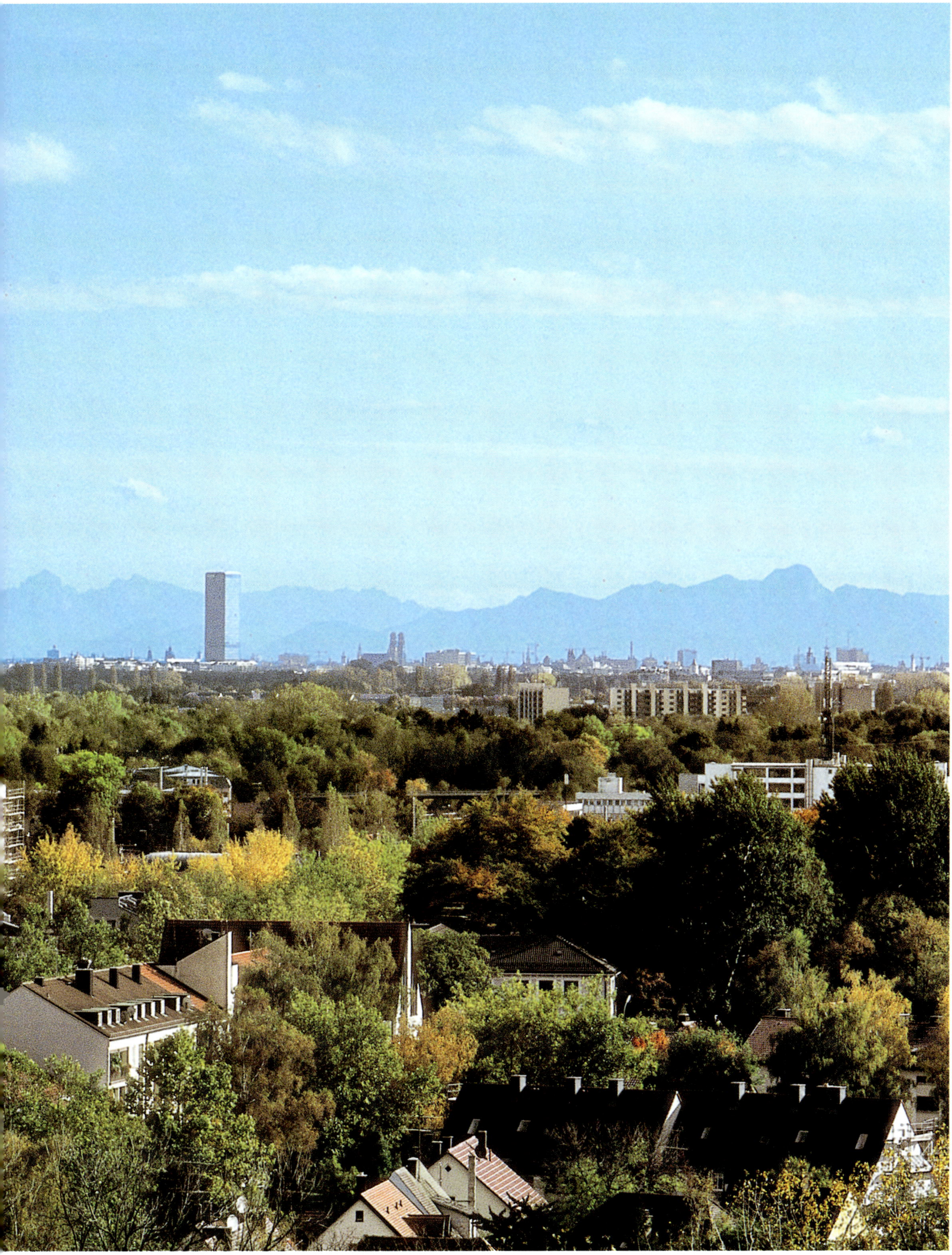

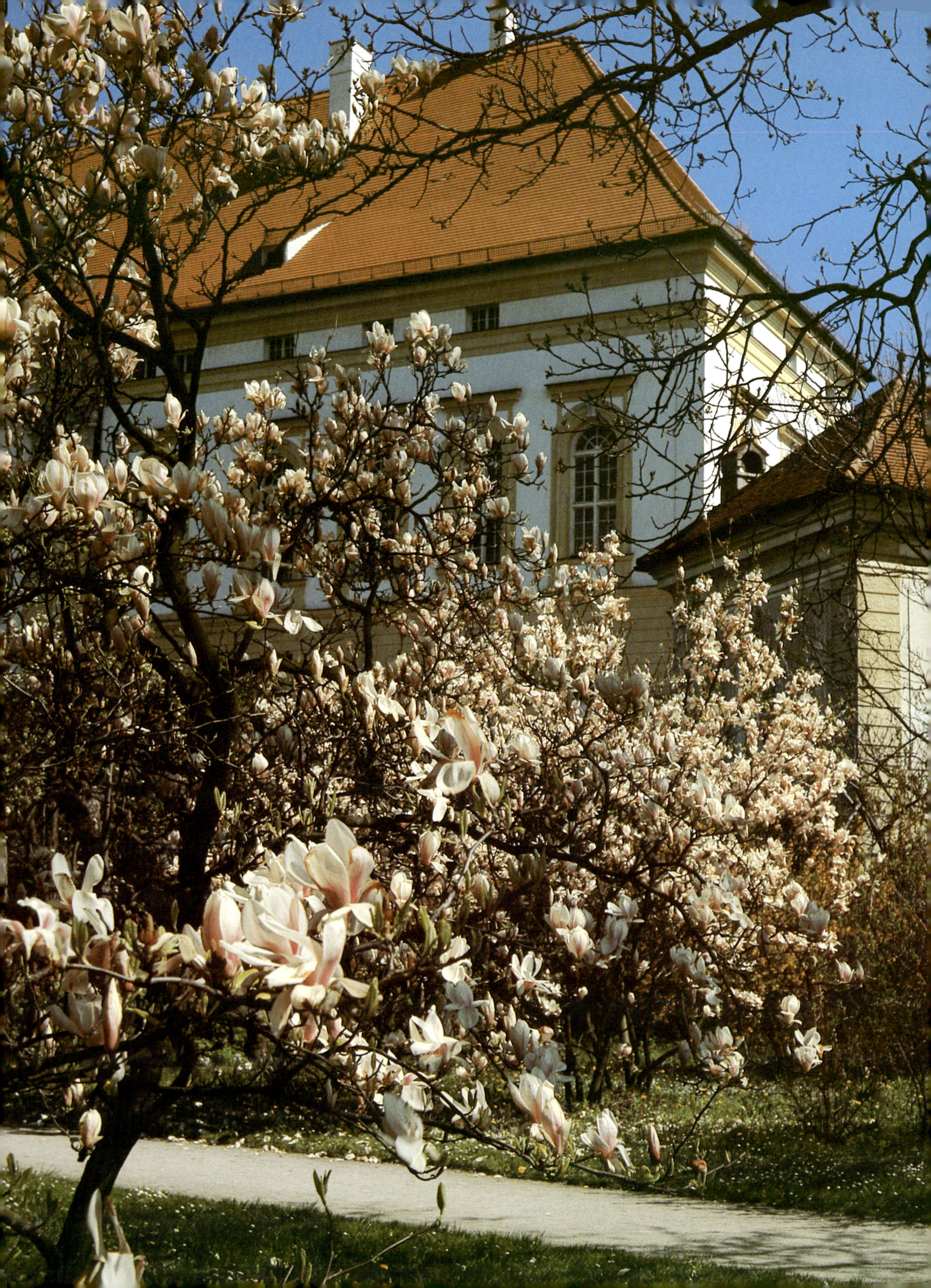

Mit der Magnolienblüte entfaltet sich die Natur jedes Jahr aufs neue in atemberaubender Pracht. *(Seite 44)*

Nature unfolds its splendour anew every year with the flowering of the magnolia. *(Page 44)*

Im Frühjahr leuchten die Rabatten an der Nordwestseite des Hofgartens im satten Rot der Tulpen und die ausgedehnten Rasenanlagen werden zu bunt blühenden Wiesen.

In the spring the beds on the northwest side of the Court Garden glow with the rich red of the tulips and the lawns are transformed into colourfully flowering meadows.

Einer der schönsten Flecken Dachaus ist der Panoramaweg, von dem aus man einen herrlichen Blick über die Hochebene in Richtung München hat. Wenn die Kirschbäume blühen, entfaltet der Weg unwiderstehlichen Charme.

One of the most attractive spots in Dachau is the Panoramaweg, with its magnificent view across the plain towards Munich. This path is particularly delightful when the cherry trees are in bloom.

Die Bänke am Panoramaweg, die Spaziergänger zum Verweilen einladen, wurden von Dachauer Bürgern und Firmen gespendet. *(Seite 47)*

The inviting seats along the Panoramaweg were donated by Dachau firms and individual citizens. *(Page 47)*

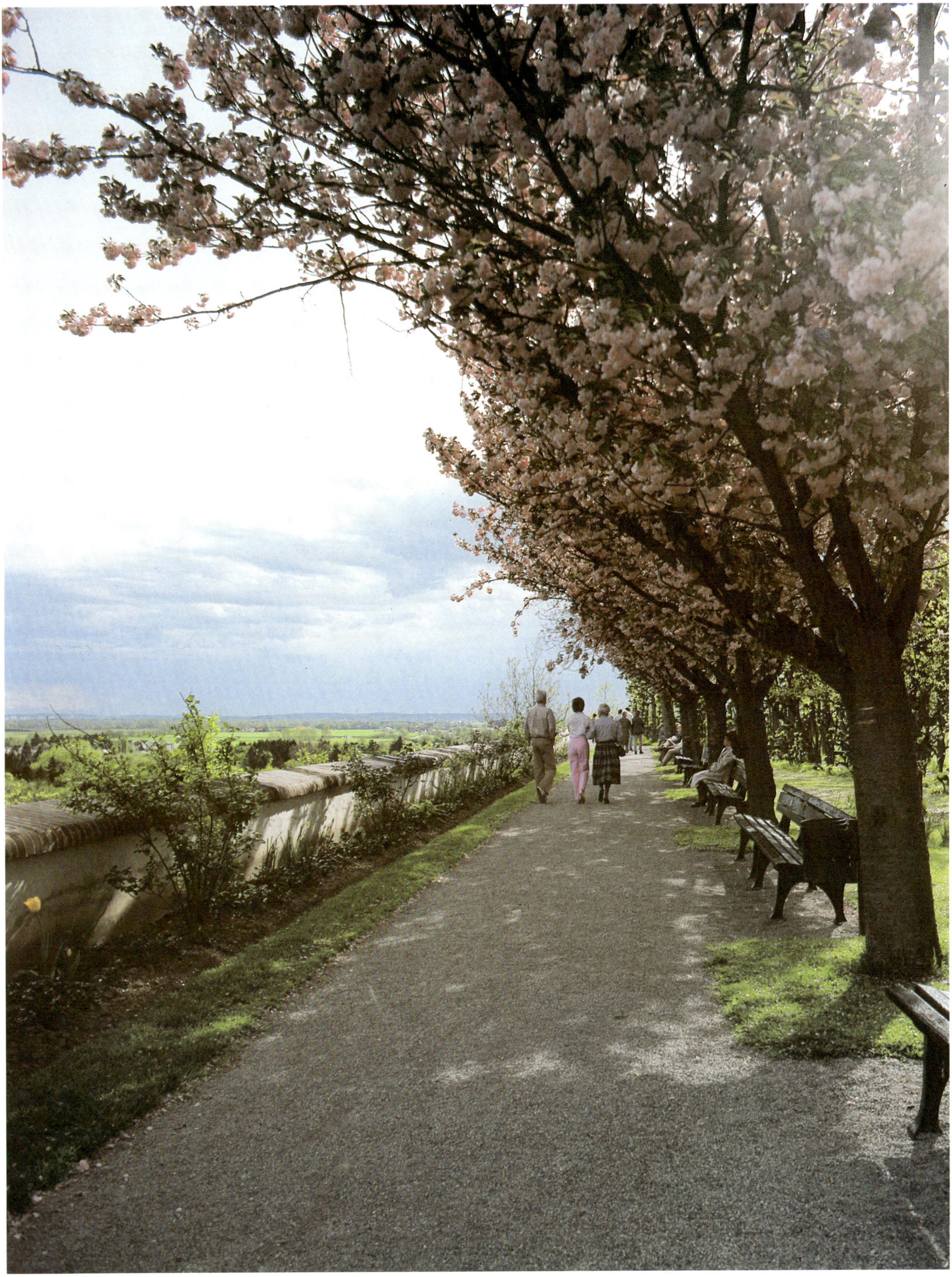

Im Frühling schwelgt die Natur in Farben und Formen, so als würde sie sich selber feiern. Es scheint, als hätte die schönste aller Jahreszeiten sich der Dachauer Maler Pinsel entliehen.

In spring nature is a riot of colours and forms, as if the most beautiful of the seasons had borrowed the brushes of the Dachau painters.

Weiße Margeriten und duftende Rosensorten lösen im Sommer das rotweiße Blütenkleid von Tulpen und Spalierobst ab. Sonnenblumen schlagen die kräftig-warmen Töne des Sommers an.
Die Schloß- und Gartenverwaltung befindet sich im ehemaligen Gärtnerhaus. Bereits 1579 ist für den Hofgärtner eine Dienstwohnung belegt, 1653 ein »Gartnerhaus beim hintern Gartenthor«, von dem jetzt noch der Obstkeller erhalten ist. 1776 befand sich in der Mitte der nördlichen Gartenseite das »neue Hofgarttner Haus«. Bereits zu Beginn des 17. Jahrhunderts wurden »Weingländer«, also Spalierreben, gezogen, wie sie auch heute malerisch die Mauern emporklettern.

The red-and-white of the tulips and fruit-tree blossom is succeeded by white marguerites and fragrant roses. Sunflowers introduce the strong warm colours of summer.
The administrative offices for the palace and garden are located in the former gardener's house in the middle of the north garden side. Even at the beginning of the 17th century vines were already being cultivated as they are today, spread picturesquely over the walls.

An den künstlerisch gestalteten Hofgarten grenzt, durch ein barockes eisernes Parktor getrennt, der tiefer gelegene Englische Garten. Dieser Bereich des »äußeren Gartens« oder sogenannten »Kays« (Gehege, in dem kein Holz gefällt wurde) erhielt erst im Jahre 1765 unter Kurfürst Max III. Joseph seine heutige Ausdehnung. Der Englische Garten galt als das wohl wichtigste Zeugnis der Gartenkunst dieser Zeit am kurbayerischen Münchner Hof.

Bordering the artistically designed Court Garden is the English Garden, which is at a lower level and separated from the first garden by a baroque iron gate. This "outer garden" area was only extended to its present dimensions in 1765 under Elector Max III Joseph. The English Garden was probably the most important example of the garden design of this period in the properties of the Bavarian electoral court of Munich.

An einigen Stellen begegnet man ihnen noch, den stummen Zeugen eines längst erloschenen Lebensgefühls, wie der verwitterten Ziervase am Eingang zum Englischen Garten.

Remnants of a life-style long since relegated to the past, such as the weathered ornamental vase at the entrance to the English Garden, can still be found.

51

Von dem im 16. Jahrhundert entstandenen mächtigen Dachauer Herzogsitz steht heute nur noch der Südwestflügel, der sogenannte »Tanzsaaltrakt«. Mit ihm erhalten geblieben sind der Renaissance-Festsaal, von Beginn an Mittelpunkt und Glanzstück des Schlosses, und die prachtvolle Kassettendecke (1564–1567) des Münchner Kistlers Hans Wisreutter. Die reichgeschnitzte Decke gilt als eines der frühesten Beispiele eines in italienischer Manier gearbeiteten Renaissance-Plafonds in Bayern. Im 19. Jahrhundert wurde die Kassettendecke ausgebaut und im Bayerischen Nationalmuseum in München ausgestellt und erst 1979 mit beträchtlichem finanziellem Aufwand wieder an ihrer alten Stelle angebracht. Seit 1980 wird der Saal für kulturelle Veranstaltungen, vor allem für die überregional bekannten Dachauer Schloßkonzerte oder Kunstausstellungen genutzt.

Of the massive ducal residence built in the 16th century, only the southwest wing or "ballroom tract" has remained. This includes the Renaissance ballroom, the focal point and highlight of the palace right from the beginning, and the magnificent coffered ceiling (1564–1567) by the Munich cabinet-maker Hans Wisreutter. The richly carved ceiling is one of the earliest examples in Bavaria of a Renaissance ceiling in the Italian style. In the 19th century the coffered ceiling was removed and displayed in the Bavarian National Museum, and it was only returned to its original location in 1979, at considerable cost. Since 1980 the hall has been used for cultural events, in particular for the well-known Dachau Palace concerts and art exhibitions.

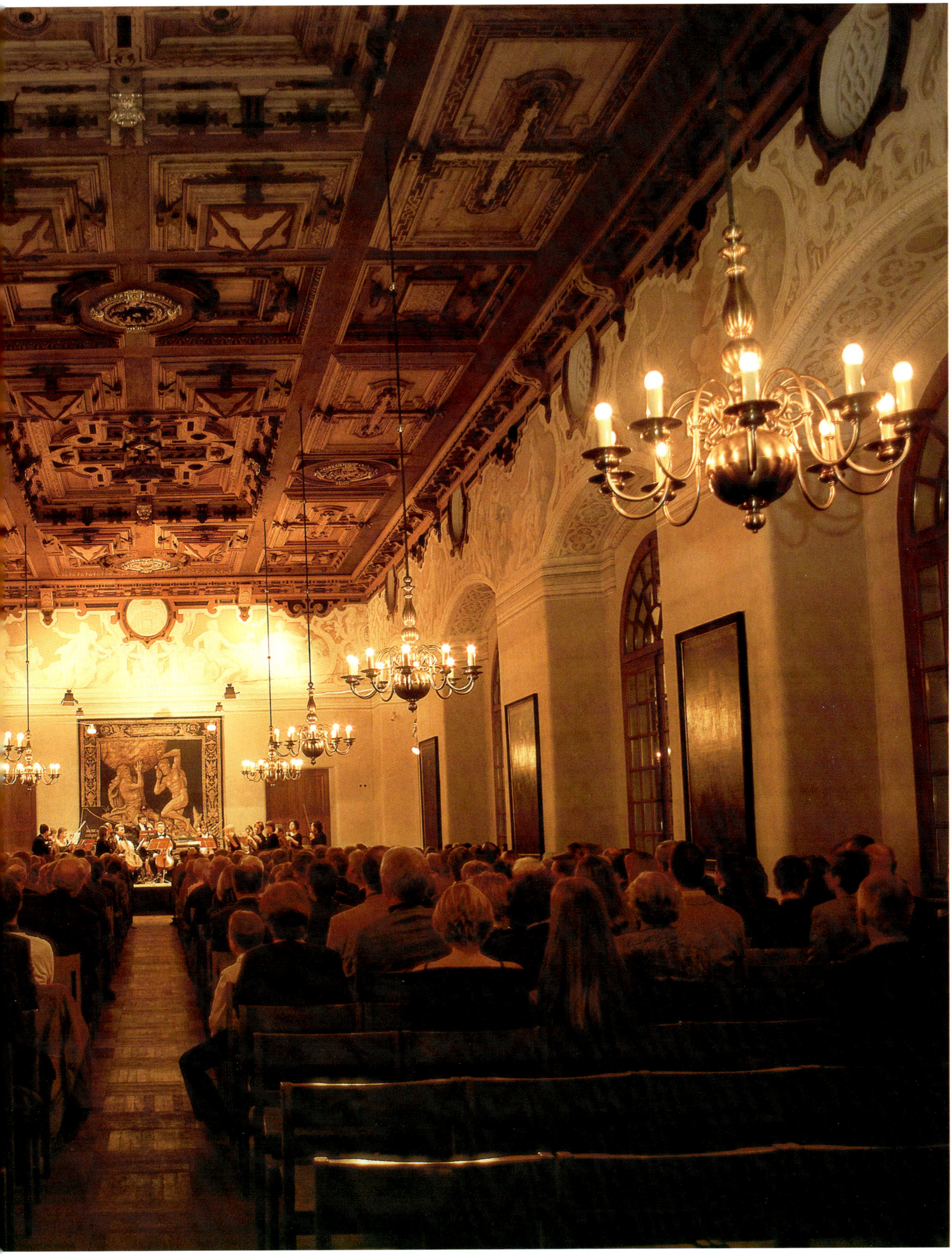

Von jeher ist die Baumallee ein wesentliches Gestaltungsmittel in der Gartenkunst, denn in ihr verbindet sich die natürliche Schönheit des Baumes mit den vielfältigen künstlerischen Wirkungen für den Menschen. Der Laubengang im Dachauer Hofgarten entstand im 18. Jahrhundert und ist ein lebendiges Kulturdenkmal. Mit seinen verschmolzenen Lindenkronen bot er schon der feinen Hofgesellschaft im Sommer schattige Kühle und Intimität, in die man sich nach dem offenen Lustwandeln auf dem sonnigen Gartenparterre zurückzog.

Jede Jahreszeit legt dem knorrigen Laubengang ein neues, schillerndes Gewand an und huldigt so in unendlichen Variationen dem alten Thema von Schönheit und Vergänglichkeit. Viele Dachauer Freilichtmaler des 19. Jahrhunderts, darunter auch der berühmte Carl Spitzweg, waren vom Licht- und Schattenspiel der herrlichen alten Bäume fasziniert und bannten den Laubengang auf die Leinwand.

Avenues of trees have always been a main feature of garden design, combining the natural beauty of the tree with the many artistic effects that can be created. The lime-tree pergola in the Dachau Court Garden was planted in the 18th century and is a living cultural monument. With its roof of interwoven branches it provided the fine ladies and gentlemen of the court with shade and privacy as a relief from the public strolls in the sun in the garden parterre.

Every season the gnarled pergola appears in a shimmering new guise and with its endless variation plays on the old theme of the transience of beauty. Many Dachau open-air painters in the 19th century, including the famous Carl Spitzweg, were fascinated by the play of light and shade in the magnificent old trees and portrayed the pergola on canvas.

Die Hauptachse des Englischen Gartens gestaltet sich zu einer Parade herrlicher alter Bäume, deren grandioses Spiel mit dem Licht schon der Maler Carl Spitzweg (1808–1885) eingefangen hat. Die Aufnahme zeigt den Weg, bevor im Sommer 2004 ein Orkan heftige Schäden anrichtete. *(Seite 56)*

The main axis of the English Garden is a parade of splendid old trees, with impressive light effects that were already captured by the painter Carl Spitzweg (1808–1885). The photo shows the path before a hurricane inflicted severe damage in the summer of 2004. *(Page 56)*

Der Hofgarten in der vollen Pracht seiner spätsommerlichen Üppigkeit. *(Seite 57)*

The Court Garden in the full splendour of late summer. *(Page 57)*

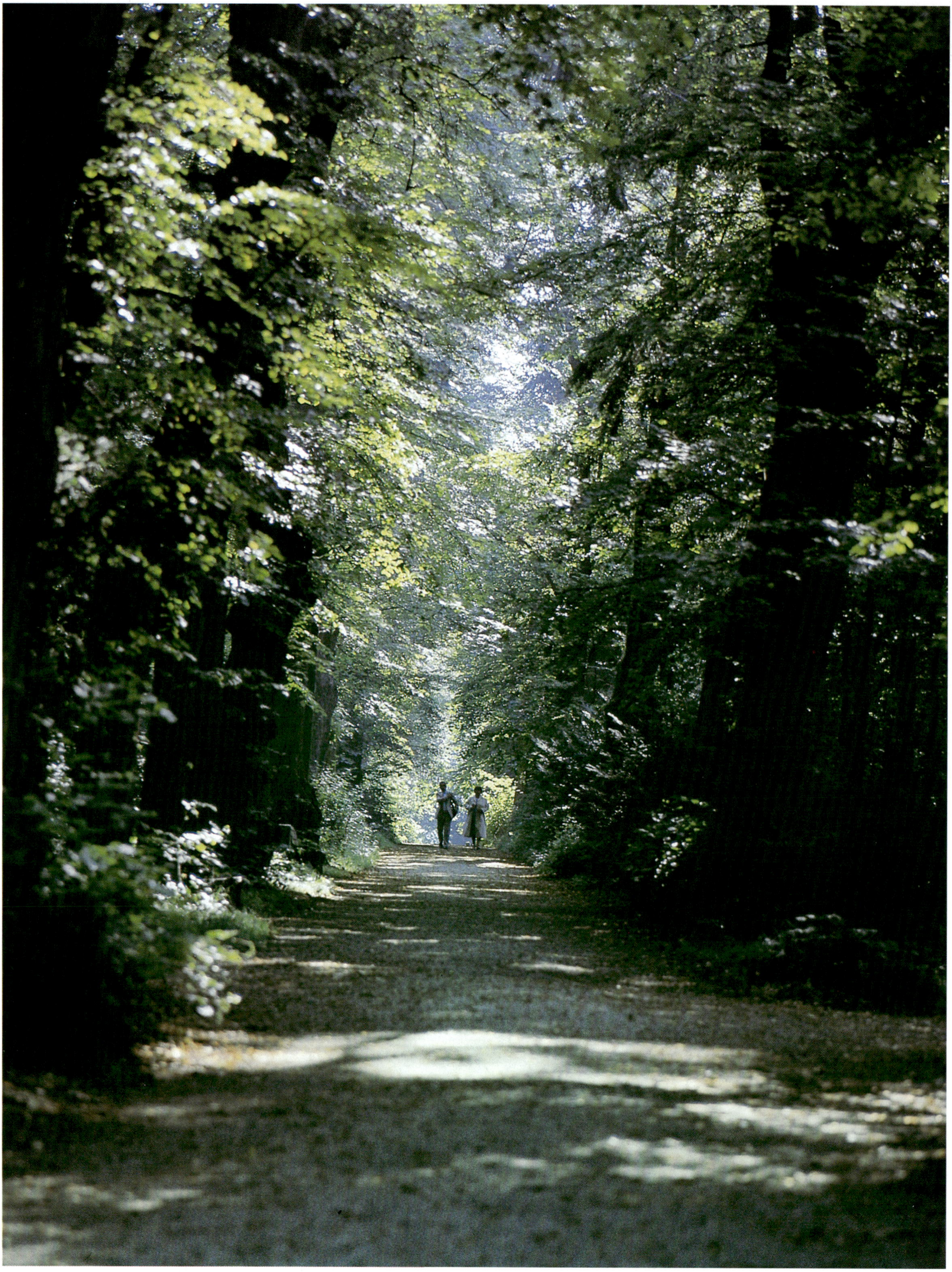

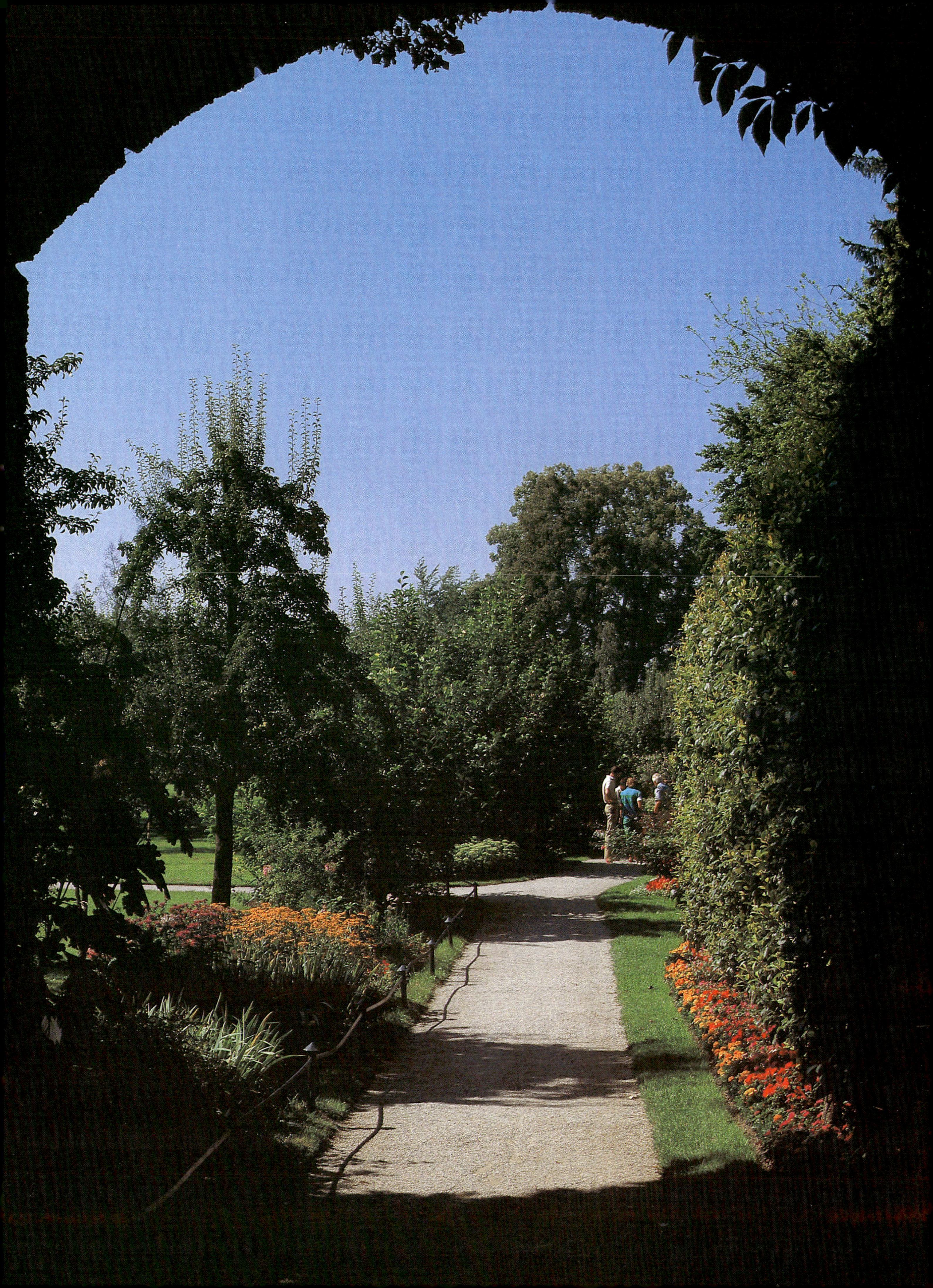

Herbst, im Bund mit der Sonne, der vollkommenste aller Maler, gießt seine goldenen Farben über das Blumenparterre des Hofgartens.

Autumn, in league with the sun and the most perfect artist of all, pours its golden colours over the flower parterre of the Court Garden.

Wie abstrakte Skulpturen heben sich die Obstbäume mit ihren dunklen, scharfen Umrissen vom blendenden Weiß des Schnees ab.

The fruit trees, with their dark outlines sharply defined against the dazzling white of the snow, resemble abstract sculptures.

Das Tor zu einem verwunschenen Märchenschloß scheint wie von magischer Hand geöffnet. Vielleicht werden dahinter heimliche Wünsche und Träume wahr. Zu entdecken gibt es jedenfalls vieles und der Dachauer Herbsthimmel bietet dazu die dramatische Kulisse.

The gateway to an enchanted fairy-tale palace has opened as if by magic. Maybe secret wishes will be granted and dreams will come true for those who pass through it. There is at any rate plenty to discover under an appropriately dramatic autumn sky.

Später Oktober im Hofgarten – Melancholie verblassender Farben.

The faded colours of late October give the Court Garden a melancholy air.

Tradition und Moderne, Geschichte und Fortschritt leben in Dachau Seite an Seite. Einen wesentlichen Schritt in die Industrialisierung machte Dachau mit der »MD« Papierfabrik. Sie geht auf den Gründer Gustav Medicus zurück, der die alte Paun'sche Papiermühle am Mühlbach in eine mechanisch angetriebene Papierfabrik umwandelte und, zusammen mit einer Schöpfpapierfabrik in der Münchner Au, den Grundstein für die 1862 gegründete »München-Dachauer Actien-Gesellschaft für Maschinen-Papier-Fabrikation« legte. 1871 übernahm der damalige Geschäftsführer Louis Weinmann die ebenfalls am Mühlbach situierte Steinmühle, eine der ältesten Getreidemühlen im Dachauer Land, an deren Stelle er das »Werk Steinmühle« errichtete. Aus diesem Betrieb entwickelte sich die bis heute bestehende Papierfabrik, die 1922 mit der Änderung der Firmenbezeichnung in »München Dachauer Papierfabriken Aktiengesellschaft in München« den Namen »Dachauer Papierfabrik« erhielt. 1936 erwarb Heinrich Nicolaus die »MD« und machte sie zu einem florierenden Unternehmen. Zum hundertjährigen Jubiläum 1962 war das Dachauer Unternehmen die größte deutsche Papierfabrik. Heute gehört die »MD Papier GmbH« zu einem finnischen Konzern.

In Dachau the traditional and the modern, history and progress exist side by side. One of the town's most important early industrial ventures was the "MD" paper factory. It was initiated by Gustav Medicus, who turned the old paper mill by the Mühlbach into a mechanically operated paper factory and, with a paper factory in Munich as well, laid the foundation for the Munich-Dachau Joint-Stock Company for Machine-Made Paper established in 1862. In 1871 the then managing director Louis Weinmann took over the Steinmühle as well, one of the oldest corn mills in the Dachau area and also on the Mühlbach, and built the "Werk Steinmühle" in its place. These works were the forerunner of the present paper factory, known since 1922 as the "Dachau Paper Factory". In 1936 Heinrich Nicolaus acquired the "MD" and turned it into a flourishing company. When it celebrated its 100th anniversary in 1962, the Dachau enterprise was the largest paper factory in Germany. Today the MD ("MD Papier GmbH") belongs to a Finnish concern.

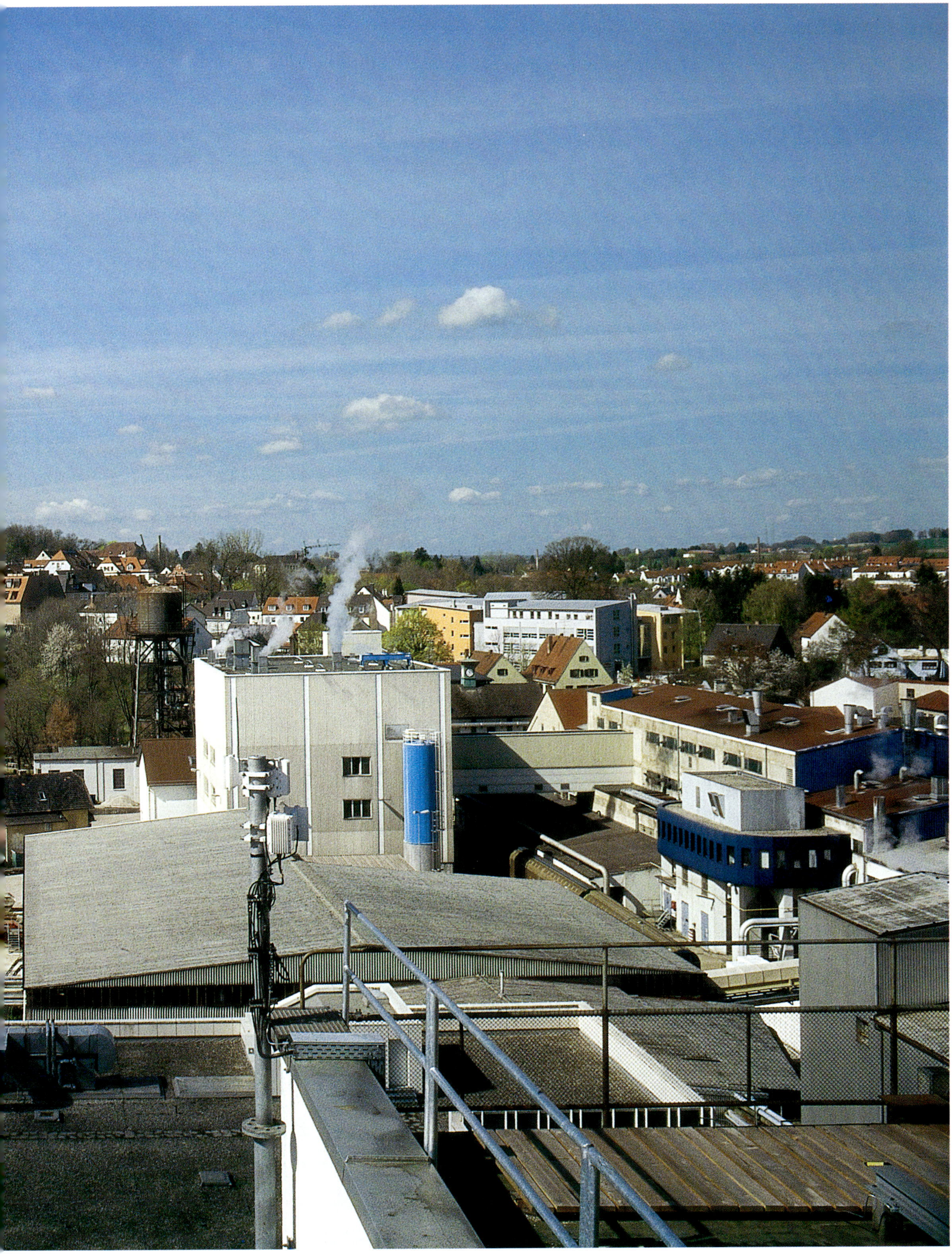

Der Wasserturm, der sich auf dem Gelände an der Rückseite des Hofgartens befindet, wurde 1910 errichtet. Im obersten Geschoß befand sich eine Kammer mit 150 Kubikmetern Wasser, die zum Druckausgleich für eine gleichmäßige Versorgung von 500 Haushalten dienten. Da der Turm am höchsten Punkt des alten Marktes und damit in der Nähe des Schlosses stehen mußte, glich man seine Architektur an die der Residenz an. Der Wasserturm war bis 1969 in Betrieb, stand dann jahrelang leer und wurde schließlich aufwendig renoviert. Seit 1999 dient er dem »Förderverein Wasserturm e.V.« als Ort für kulturelle Begegnungen. Auf mehreren Geschossen ist Platz für Kunstausstellungen, Lesungen, Konzerte und Theateraufführungen. Die Dachauer Keramikerin Annelise von Stokar war hier ebenso anzutreffen wie der bedeutende Dachauer Lyriker und Schriftsteller Michael Groißmeier.

The water tower on the land behind the Court Garden was in operation until 1969, then stood empty for years and was finally renovated at considerable cost. Since 1999 it has been the location of events: on its various floors are rooms for art exhibitions, readings, concerts and stage productions. The Dachau ceramic artist Annelise von Stokar and the important Dachau poet and writer Michael Groißmeier have both featured here.

Über einem quadratischen, aus der Spätgotik stammenden Grundriß strebt der siebengeschossige, 45 Meter hohe Turm von St. Jakob empor. 1678 wurde er mit den achteckigen, lebhaft gegliederten Oberbau ums Doppelte erhöht. Er wird von einer Zwiebelhaube und einer Laterne bekrönt.

The seven-floor, 45-metre tower of St Jakob has a square lower section dating from the late Gothic period. In 1678 an elaborate, octagonal upper section was added which doubled its height. It is topped with an onion dome and a lantern.

Die Gründung der Klosterschule geht auf das Jahr 1854 zurück, als der Magistrat des Marktes Dachau einer eigenen Mädchenschule zustimmte. Bis zu diesem Zeitpunkt besuchten Mädchen und Knaben gemeinsam die Kirchenschule neben der Pfarrkirche St. Jakob. Der Magistrat kaufte das ehemalige Mollschlößchen und konnte die Armen Schulschwestern de Notre Dame für Unterricht und Erziehung der Dachauer Mädchen gewinnen. Wegen der wachsenden Zahl der Schülerinnen wurde das Kloster mehrmals umgebaut: 1877 wurde der Südostflügel angebaut und zehn Jahre später erfolgte der dreigeschossige Anbau mit dem Haupteingang im Stil des bestehenden Klosters. 1969 wurden die Schulschwestern wegen Nachwuchsmangels abgezogen, doch blieben neun Handarbeits-, Haushalts- und Kindergartenschwestern in Dachau. 1970, nach der Volksschulreform mit Trennung von Grund- und Hauptschule, erfolgte beim ehemaligen Klostergarten der Erweiterungsbau mit sechs Klassenzimmern. 1981 wurde das Kloster aufgelöst und die letzten drei klösterlichen Fachlehrerinnen und Kindergärtnerinnen ins Mutterhaus nach München geschickt. Die letzte Erweiterung der Klosterschule erfolgte im Frühjahr 2005 mit dem Anbau von vier neuen Klassenzimmern und einem hellen Mehrzweckraum an der Burgfriedenstraße.
(Seite 62 unten)

The convent school was founded in 1854, when the municipal authorities approved a girls' school for Dachau. Up to that point both girls and boys had been attending the church school. The magistrate purchased the former Mollschlösschen, a small palace, and persuaded members of a teaching order of nuns to undertake the education of the Dachau girls. The convent was rebuilt several times to accommodate the increasing number of pupils, but in 1969 the nuns were withdrawn due to the lack of successors. The most recent extension of the convent school took place in spring 2005 when four new classrooms and a multipurpose hall were added. *(Page 62 bottom)*

Im Jahr 2005 feierte Dachau sein 1200jähriges Jubiläum, denn am 15. August 805 wurde »Dachauua« anläßlich einer Schenkung erstmals urkundlich genannt. Ein unvergeßlicher Höhepunkt der vielfältigen Jubiläumsfeiern war der Festzug »1200 Jahre Dachau« durch die Untere Stadt und die Altstadt, den die Dachauer Vereine, Theater-, Tanz- und Musikgruppen, Schulen und Blaskapellen mit viel Liebe und Engagement perfekt inszeniert hatten. In einem farbenfrohen Zug mit vielen geschmückten Wagen wurde von rund 1100 Beteiligten in historischen Kostümen 1200 Jahre Dachauer Geschichte nach Jahrhunderten geordnet dargestellt. Im Anschluß an den Festzug fanden an verschiedenen Plätzen in der Altstadt zum Thema passende Vorführungen, Musikdarbietungen und Theaterinszenierungen statt.

In 2005 Dachau celebrated its 1200th anniversary: "Dahauua" was first mentioned in a document recording a gift to Freising cathedral on 15 August, 805. An unforgettable highlight of the many anniversary celebrations was the "1200 years of Dachau" procession through the Unterer Markt and the old town, a magnificent production put together with great enthusiasm by the Dachau associations, theatre, dance and music groups, schools and brass bands.

1912 wurden »D'Ampertaler« als Gebirgs- und Volkstrachtenerhaltungsverein gegründet. Mit ihrer prächtigen Dachauer Tracht sind sie ein wesentlicher Bestandteil des kulturellen Lebens in Dachau. Stets gehören ihre Auftritte zu den Höhepunkten, sei es beim Feiern von religiösen Bräuchen, bei historischen Festzügen, Volksfesten oder bei der Aufführung von Volkstänzen. Kennzeichen der Männertracht sind die hohen Faltenstiefel, der Janker oder Rock und die Samtweste mit den doppelreihigen Silbergeldknöpfen sowie der breitkrempige Hut aus Hasenvelours oder Haarfilz. Die Frauen tragen über den fülligen Rockfalten des schweren wollenen Tragmiederrocks, dem »Boinkidl«, eine buntseidene, längsgestreifte Schürze mit den »Flirtabandl«, einen geblümten Spenzer mit Vorstecker und Geschnür und die spitzenbesetzte Schleifenhaube.

1912 saw the founding of "D'Ampertaler", an association supporting the continued use of local costumes. With their splendid Dachau costumes its members are an important part of cultural life in Dachau. Their appearance is always a highlight, whether in connection with the practice of religious customs, historic processions, public festivals or the performance of folk dances.

65

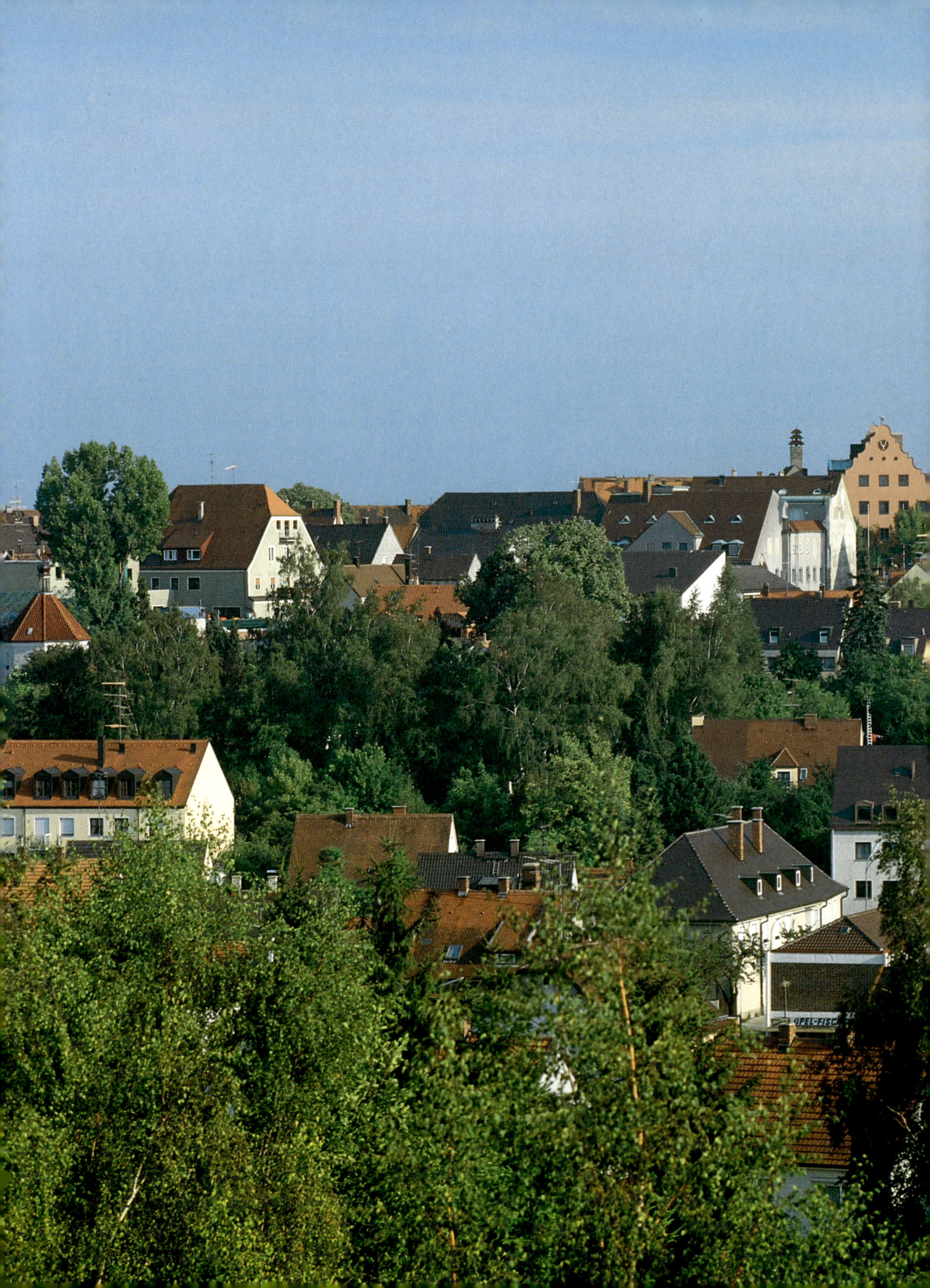

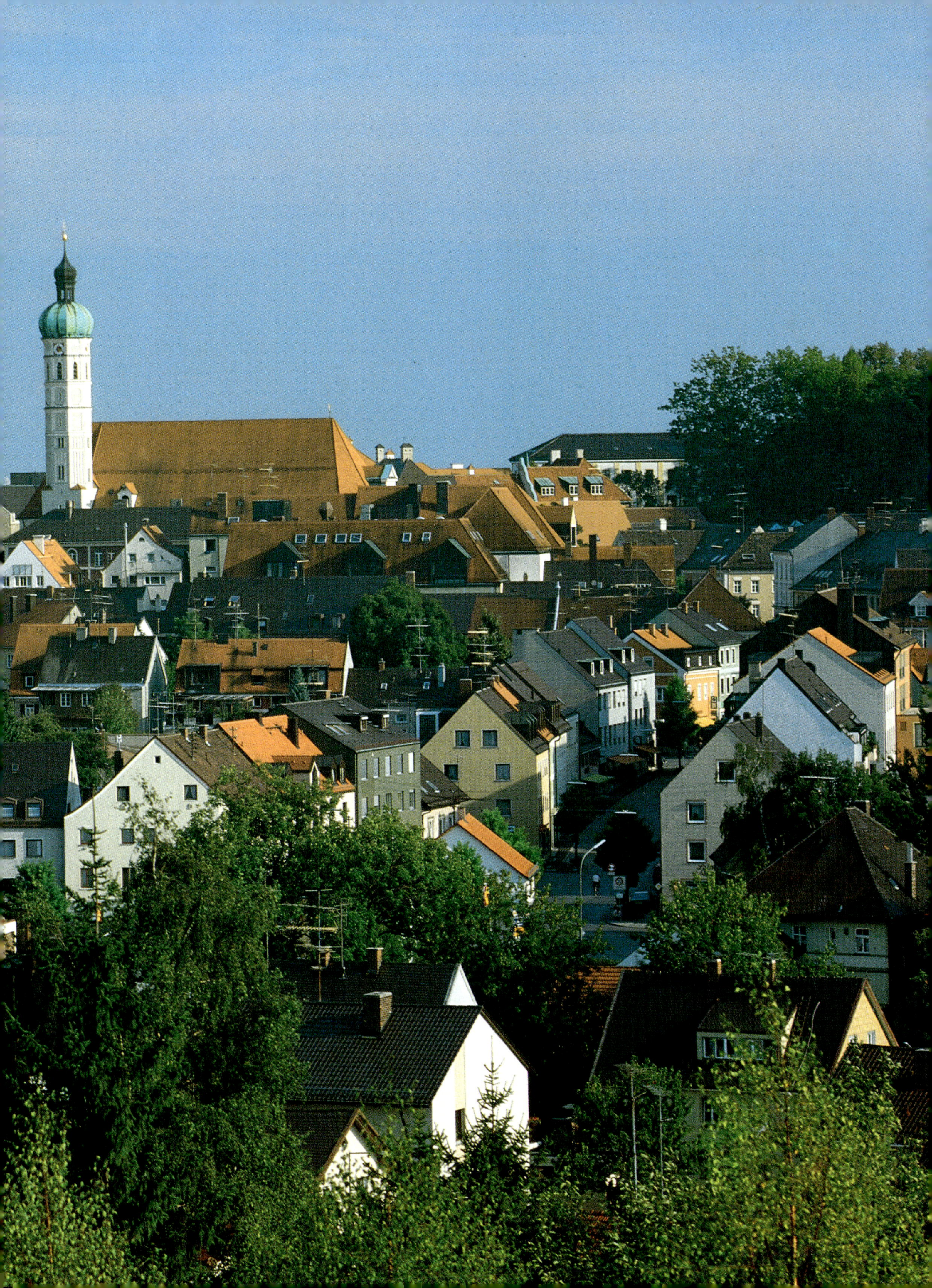

Blick über die Dächer der Großen Kreisstadt von Norden. Nicht die Silhouette des Schlosses bestimmt von diesem Standpunkt aus die Stadtansicht, sondern der hohe Kirchturm der Stadtpfarrkirche St. Jakob und die Fassade des Alten Rathauses mit dem goldenen Sporn im Giebel, der auch Bestandteil des Dachauer Wappens ist. *(Seite 66/67)*

View over the roofs of the town from the north. From this angle the view is dominated not by the palace, but by the high church tower of the parish church of St Jakob and the façade of the old town hall with the golden spur in the gable which also features in the Dachau coat of arms. *(Page 66/67)*

Der Festumzug zum Einstand des Dachauer Volksfestes ist ein Erlebnis für die ganze Familie. Prächtig herausgeputzte Brauereigespanne, hier vor dem Verlagshaus »Bayerland« in der Konrad-Adenauer-Straße, und Trachten-, Traditions- und Musikvereine geben ein buntes Bild, das von vielen Schaulustigen an den Straßenrändern betrachtet wird. Im Verlagshaus »Bayerland« erschien 1872 die erste Dachauer Zeitung »Amper-Bote«.

The procession that opens the Dachau Fair is an experience for the whole family. Magnificently decorated brewery drays pass in front of the Bayerland publishing house in Konrad-Adenauer-Strasse, and, together with groups in the local costume and bands of musicians, make a colourful picture which is appreciated by the crowds lining the roads. The first Dachau newspaper "Amper-Bote" was published in 1872 by the Bayerland publishing house.

Jedes Jahr im August findet für zehn Tage das Dachauer Volksfest auf der Ludwig-Thoma-Wiese statt. Es hat eine lange Tradition und ging ursprünglich aus Pferderennen hervor, die schon 1652 erwähnt sind und lange Zeit der Hauptanziehungspunkt des Festes waren. Im Jahre 1908 wurde anläßlich des 1100jährigen Jubiläums des Marktes ein großes Volksfest in Anwesenheit des Prinzen Ludwig von Bayern gefeiert. Das Jubiläum war allerdings um drei Jahre verschoben worden, da der Dachauer Magistrat die notwendigen finanziellen Mittel nicht aufbringen konnte und die Jubiläumsfeier mit dem alle sieben Jahre stattfindenden großen Landwirtschaftsfest zusammenlegen wollte.

Heute gilt der sensationell niedrige Festbierpreis als Attraktion, der von den Wirten seit Jahren gehalten wird. Besondere Ereignisse sind das vom Schloßberg aus gezündete Prachtfeuerwerk und das Bergkriterium, ein Radrennen, das während des Volksfestes auf dem Altstadtberg ausgetragen wird.

Das Volksfest bietet zudem Gelegenheit, die Dachauer Tracht eingehend zu studieren. Der Trachtenverein »D'Ampertaler Dachau« mit seinen beeindruckenden, in Handarbeit angefertigten Gewändern ist ein wichtiger Bestandteil des Dachauer Volksfestes und repräsentiert dessen traditionelle Seite. Kostbare Details wie die Spitzen und Stickereien der Hauben, das komplizierte weißblaue Strumpfmuster und die hohen Faltenstiefel der Männer kann man aus nächster Nähe betrachten.

The Dachau Fair is held on the Ludwig-Thoma-Wiese for ten days in August every year. It has a long tradition, originating as a horse race which was already mentioned in 1652 and for a long time was the main attraction of the fair. In 1908, when the town celebrated its 1100th anniversary, a big fair was organized which was attended by Prince Ludwig of Bavaria. This anniversary was in fact celebrated three years too late, as the Dachau municipal authorities could not raise the necessary funds and also wanted the celebration to coincide with the agricultural fair that was held every seven years.

Today the sensationally low beer prices that have been maintained for years are one of the fair's attractions. Special events are the firework display on the palace hill and a cycle race held on the old town hill.

The fair also provides an opportunity to study the Dachau costumes in detail. The "D'Ampertaler Dachau" association with its impressive, handmade costumes is an important element of the Dachau Fair and represents its traditional, old Bavarian side. Here the exquisite details of these costumes such as the lace and embroidery of the bonnets, the complex white-and-blue stocking pattern and the men's high boots can be seen at close quarters.

Das Feuerwerk ist eine Attraktion, zu der viele Besucher von auswärts aufs Dachauer Volksfest kommen. Bei Anbruch der Dunkelheit wird das pyrotechnische Spektakel vom Schloßberg aus gezündet. Einer bestimmten Choreografie folgend bietet das Feuerwerk vor der großartigen Kulisse des Dachauer Himmels eine phantastische Show aus schillernden Farben und Formen.

The fireworks are an attraction which draws many visitors from outside Dachau. As darkness falls the pyrotechnical spectacle is ignited on the palace hill, and a fantastic, specially choreographed show erupts in shimmering colours and forms against the splendid Dachau sky.

Viele Schausteller kommen schon seit Jahrzehnten mit ihren Fahrgeschäften und Buden aufs Dachauer Volksfest, das mit dem Kindertag auch ein Herz für die Kleinen beweist. Allerdings sind altmodische Nostalgie-Karussells und Schiffschaukeln fast schon zu Raritäten geworden, denn immer spektakulärer werdende Fahrgeschäfte, in denen die Fliehkraft einem den Atem raubt, sind auch in Dachau anzutreffen.

Many showmen have been coming for decades with their rides and stalls to the Dachau Fair – which also caters for small visitors with a special children's day. The old-fashioned roundabouts and swing boats are now almost a rarity, and the increasingly spectacular rides with a centrifugal force that takes your breath away can now also be found in Dachau.

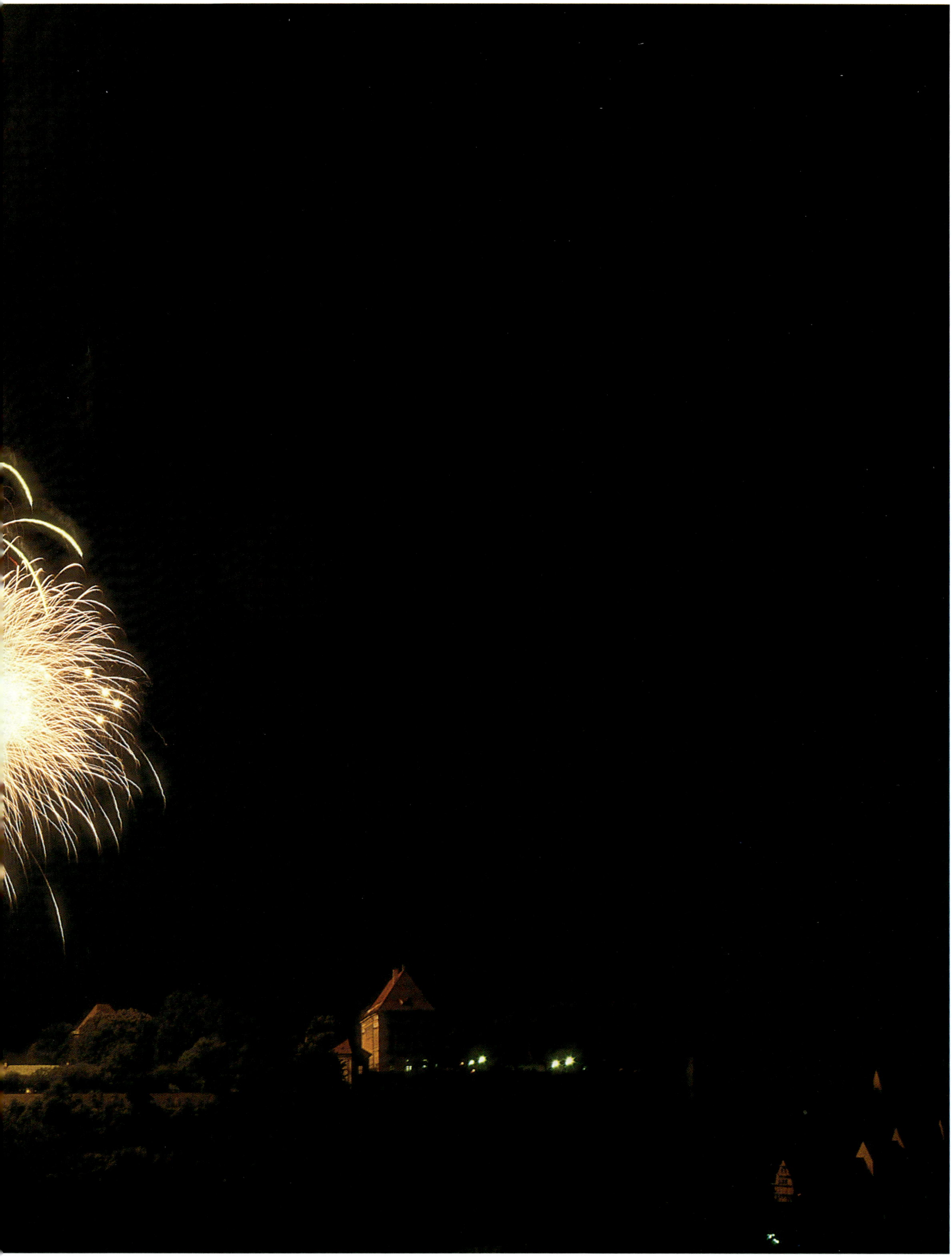

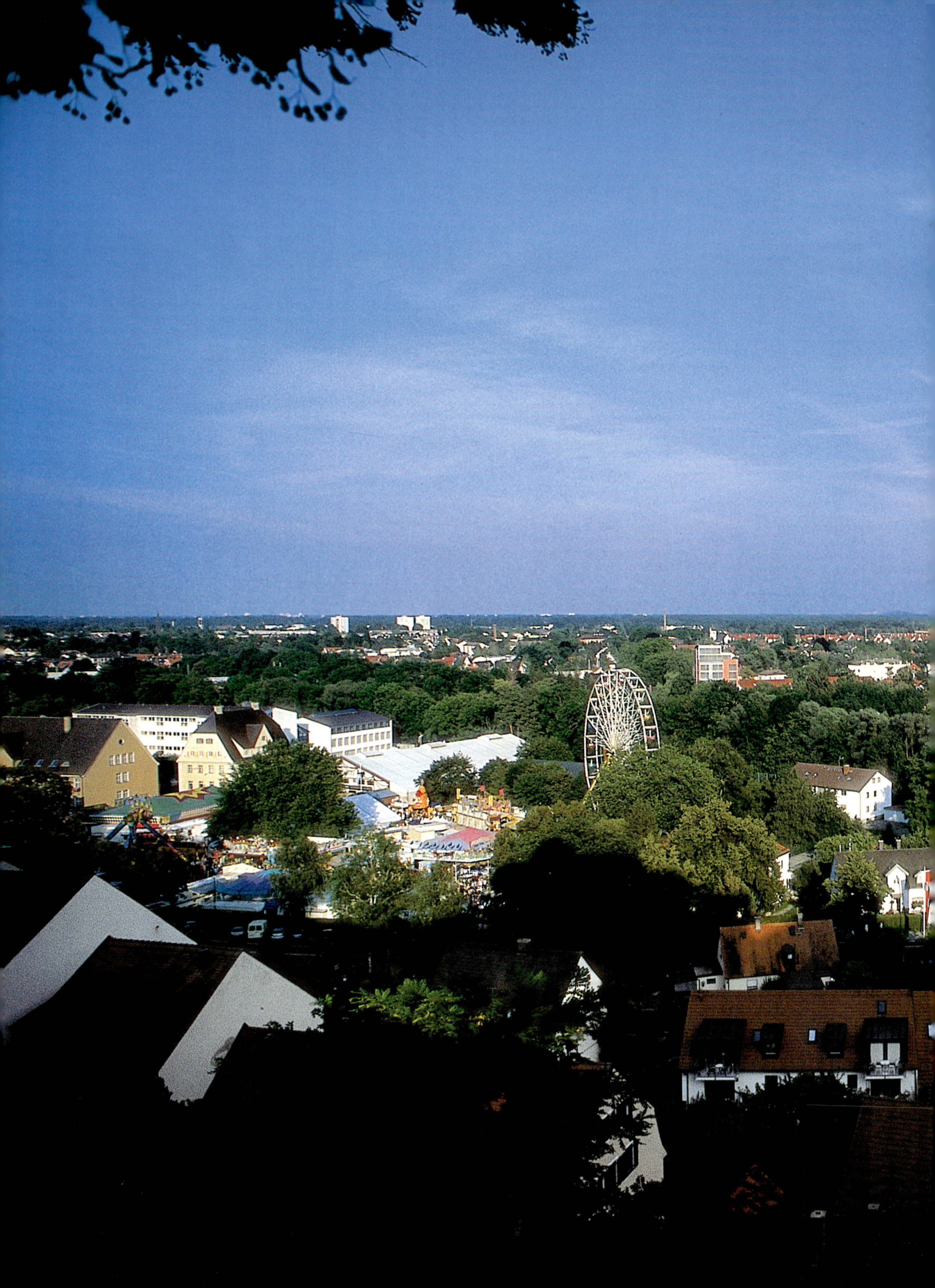

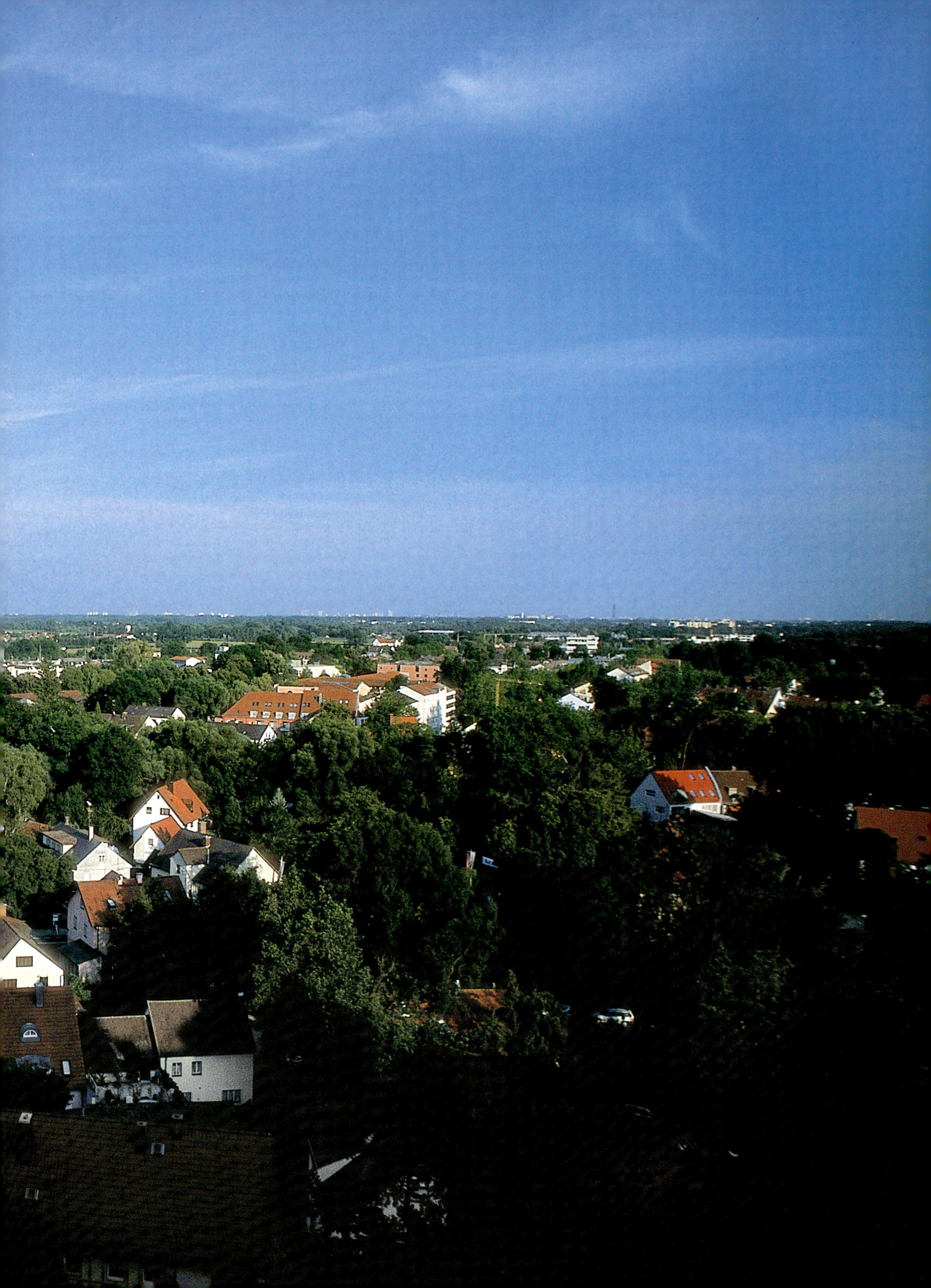

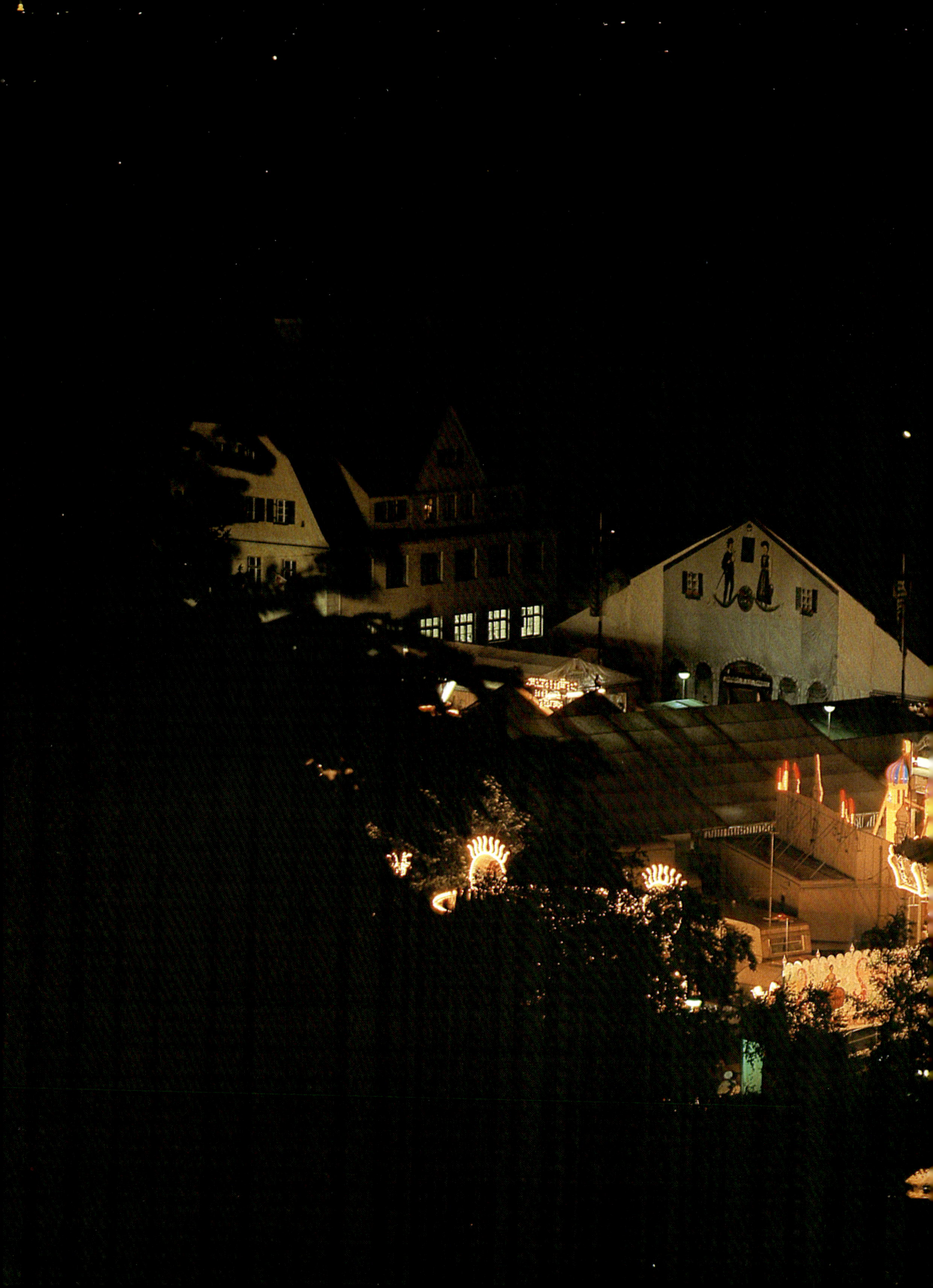

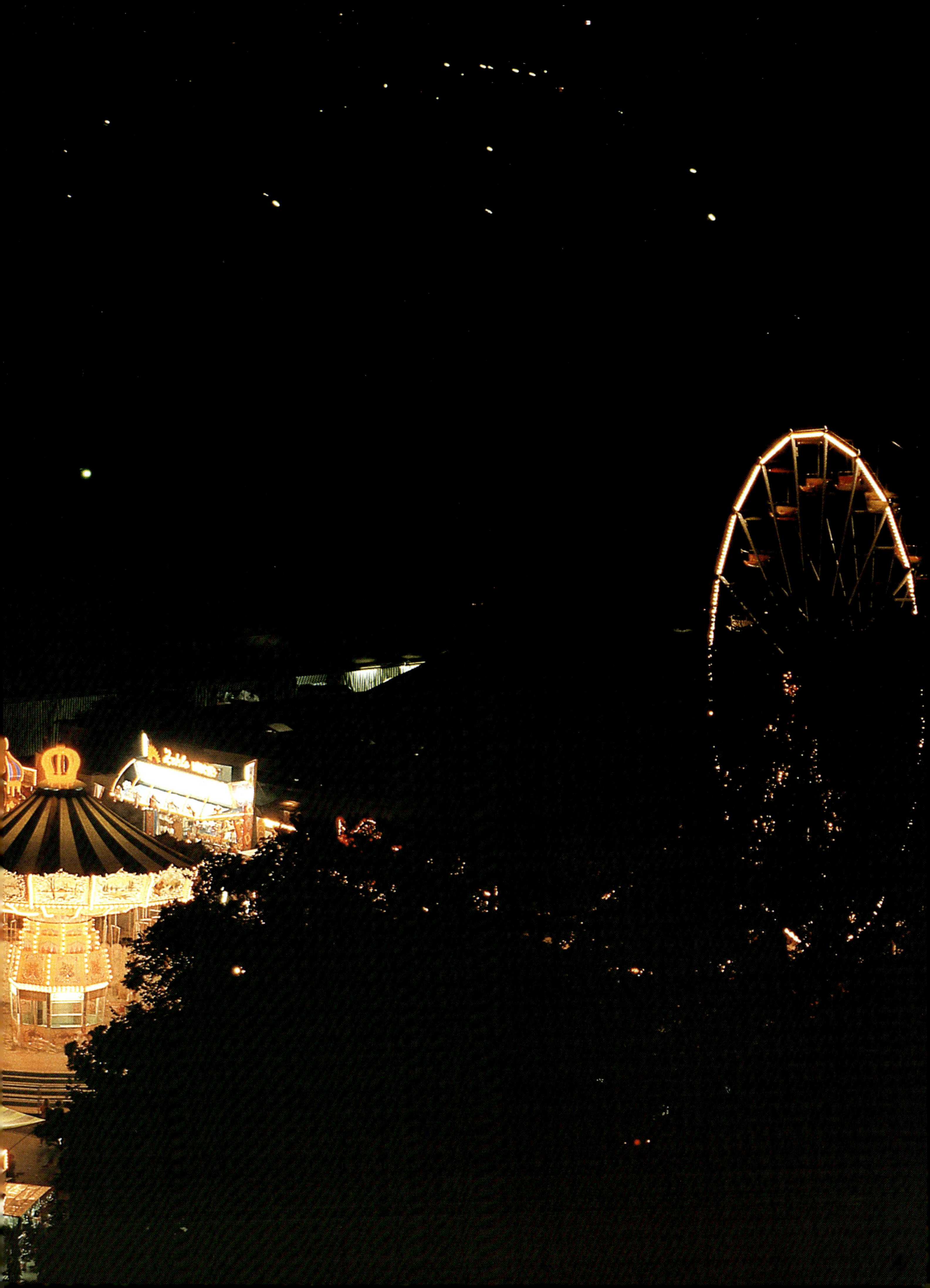

Vom Schloßberg aus gesehen fügt sich das Volksfest nahtlos zwischen die Dachauer Häuser ein. Bei Nacht wird es zum aufregenden, glitzernden Lichtermeer. Markantes Wahrzeichen ist das Riesenrad mit seinen kleinen, offenen Gondeln, die einen schwindelerregenden Blick aus der Vogelperspektive auf die Stadt erlauben.
(Seiten 72/73 und 74/75)

From the palace hill the Dachau Fair looks as if it has been slotted between the houses of the town; at night it becomes a glittering sea of moving light. Dominating all is the big wheel with its small open cars which provide a dizzying bird's-eye view of the town. *(Pages 72/73 and 74/75)*

Als Beitrag zum 1200jährigen Stadtjubiläum hat das Architekturforum Dachau e.V. einen weithin sichtbaren Laserstrahl über der Stadt leuchten lassen. Klar erkennbar begann der Strahl am Schloß, wies mit seinem Licht zum Gelände der KZ-Gedenkstätte und verschwand dann im Dachauer Moos, jenem Landschaftsstreifen, dem Dachau seinen Ruf als Kunststadt verdankt. Auf künstlerische, reduzierte Art und Weise sollte der Lichtstrahl die wesentlichen historischen Aspekte Dachaus sichtbar machen: den mittelalterlichen Ursprung, die Bedeutung als Sommerresidenz der Wittelsbacher, die Blütezeit als Künstlerkolonie und den Standort des ersten Konzentrationslagers in Bayern. Zudem galt er als ein poetisches Zeichen zwischen den geschichtlichen Polen der Stadt, das nicht nur historische Orte, sondern auch Positionen miteinander verbindet. Ein Lichtstrahl über Dachau als Zeichen, das im Rückblick auf die Vergangenheit in die Zukunft weist.

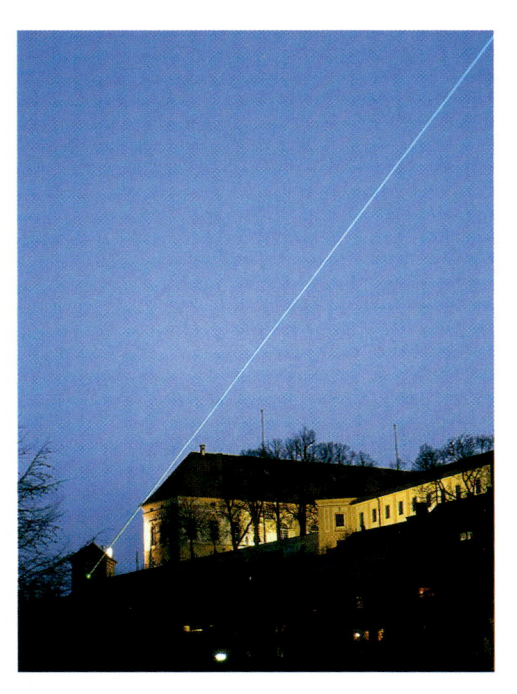

As its contribution to the 1200th anniversary of the town, the architecture forum of Dachau had a laser beam shone above the town that was visible for miles around. It could be seen beginning at the palace, pointing towards the concentration camp and disappearing in the Dachauer Moos, the area that established Dachau's reputation as a centre of art. The beam of light was intended to underline symbolically and artistically the main historical aspects of Dachau: the medieval town, the significance of the town as a summer residence of the Wittelsbachs, the flourishing artists' colony and Dachau as the location of the first concentration camp in Bavaria. The laser beam also formed a poetic arc between the historic poles of the town, linking not only historic places but also positions, as a sign that through contemplation of the past the way ahead also becomes clear.

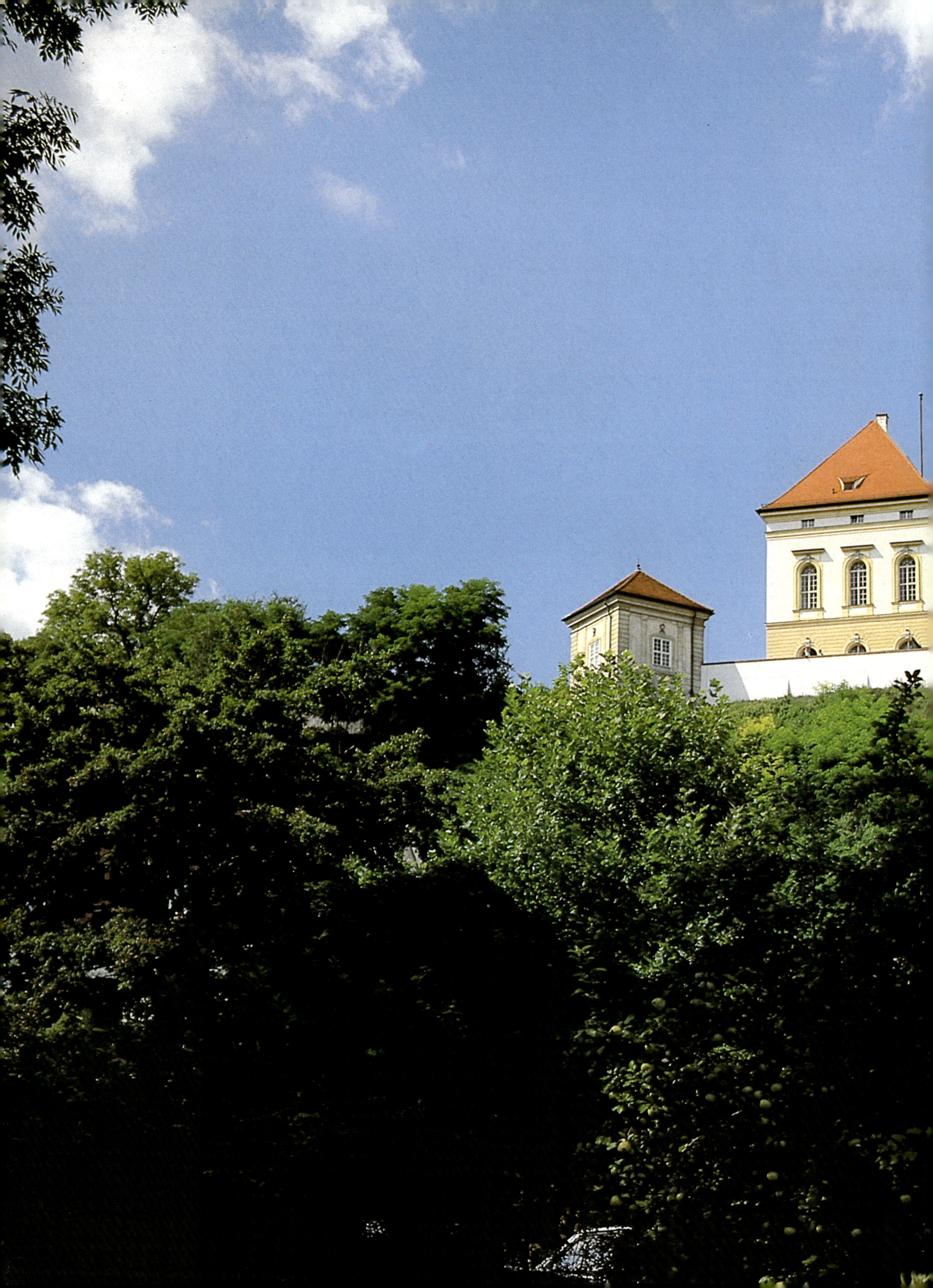

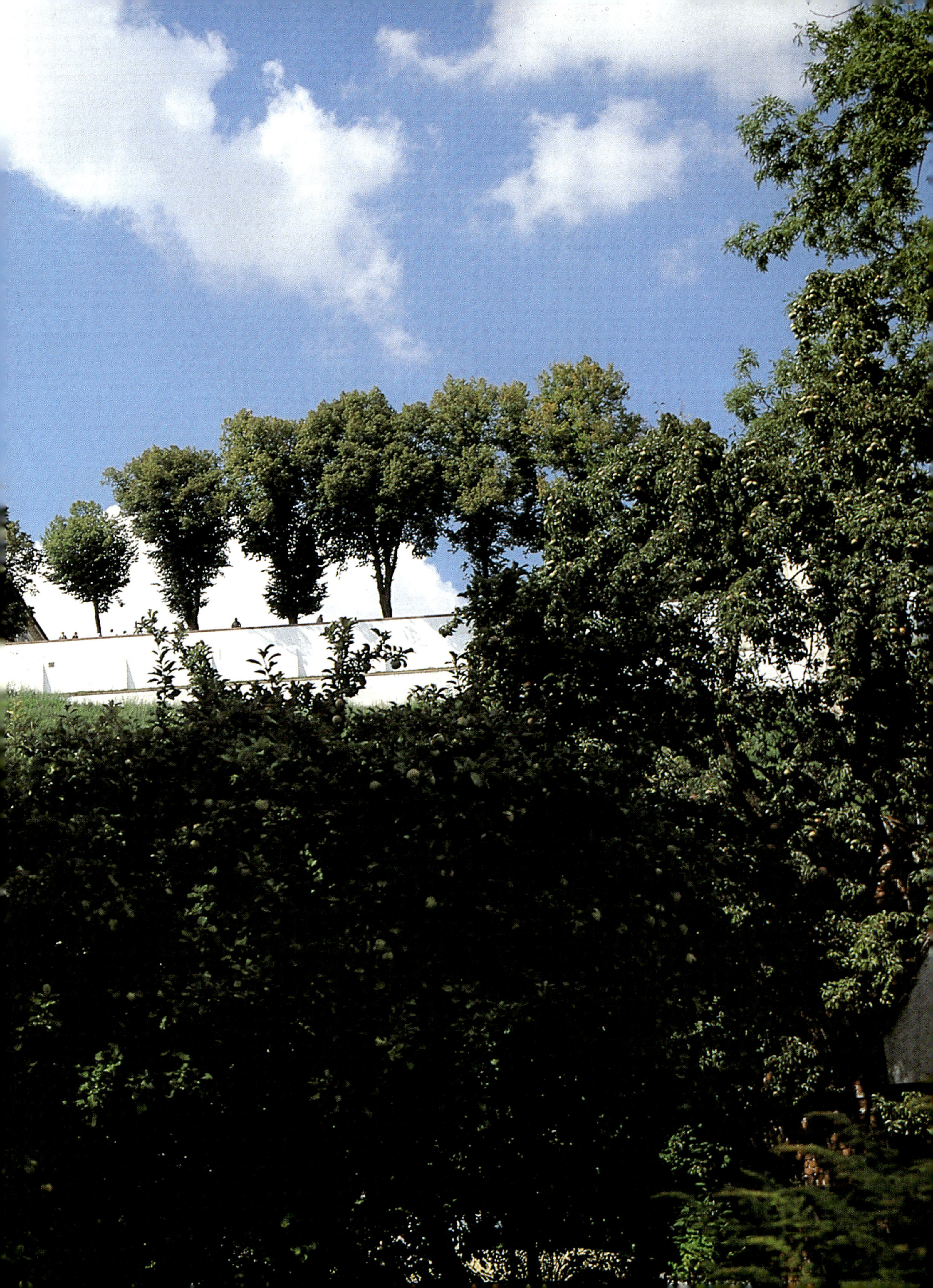

Nicht nur zum Volksfest besuchen die Münchner gern einmal die Kunst- und Kulturstadt Dachau. Und Dachau empfängt sie, einst wie heute, mit herzlicher Grandezza: mit einem weithin fürstlich grüßenden Schloß auf majestätischer Höhe.
(Seite 78/79)

It is not only during the fair that the people of Munich come to visit Dachau with its lively art and cultural scene. And the town welcomes them in grand style, now as in the past, with a view of the palace enthroned majestically on its hill.
(Page 78/79)

Unter der Fülle der Freizeitangebote der Stadt Dachau ist das am Fuß des Schloßbergs gelegene Familienbad eines der attraktivsten. Das Sommerbad mit seinem herrlichen alten Baumbestand liegt in der Amperau. Ursprünglich badete man in der Amper, in zu Becken abgeteilten Bereichen. Der Flußlauf wurde allerdings 1950 verlegt, um das E-Werk zu beschicken. Der Standort der Becken blieb der alte.

Nach umfassender Sanierung wurde das Familienbad im Jahr 2002 wiedereröffnet. Große, beheizte Becken und weiträumige Liegewiesen laden zur Erholung und zum Treff ein. Parkartig sind die Liegezonen mit Sträuchern und hohen Bäumen durchsetzt. Wellenförmig gepflanzte Hecken symbolisieren den ehemaligen Verlauf der Amper. Ein neu angelegtes Kinderplanschbecken mit Wasserspielen garantiert auch den jüngsten Badegästen ungetrübtes Vergnügen im erfrischenden Naß. Auf einer Anhöhe am Ufer der Amper befinden sich Sportflächen, unter anderem mit einer Bocciabahn, Tischtennisplatten und einem Beach-Volleyball-Feld.

One of the most attractive of Dachau's many leisure facilities is the family swimming pool complex at the foot of the palace hill. This summer facility with its splendid old trees is located in the water meadows of the Amper. Originally people swam in this river, in areas divided into pools. The course of the river was diverted in 1950 to supply the electricity works, but the pools remained in their original location.

After comprehensive renovation the complex was reopened in 2002. The large, heated pools and spacious lawns make it an ideal place to relax and meet friends. The sun-bathing areas are dotted with shrubs and high trees like a park and hedges planted in the form of a wave mark the former course of the Amper. A new children's paddling pool with waterworks also enables the youngest visitors to enjoy themselves in the water without danger. On higher ground by the Amper are a bowling alley, table-tennis tables and a beach volleyball field.

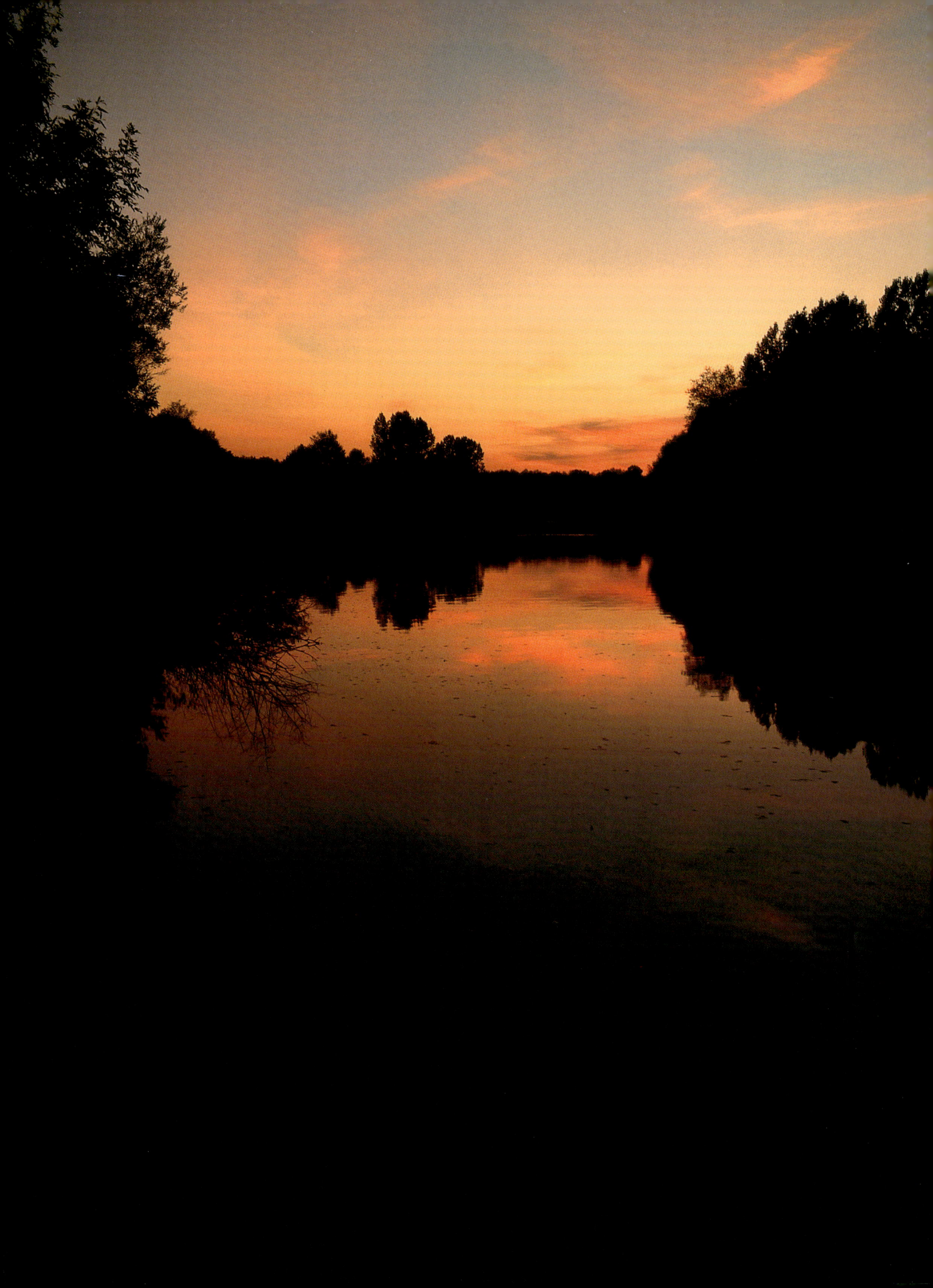

Einzigartig sind die Sonnenuntergänge und Wolkenstimmungen über der Amper und dem Dachauer Moos. Der weite Dachauer Himmel wird durch die Lichtbrechung in glühende Farben getaucht und verwandelt die Landschaft in ein unvergleichliches Stimmungsbild. Eben diese Stimmungen waren es, die im 19. Jahrhundert die Freilichtmaler faszinierten und zu Gemälde inspirierten, die Dachau zur berühmten Künstlerkolonie machten. *(Seite 82)*

The sunsets and cloudscapes above the Amper and Dachauer Moos are unique. The wide Dachau sky glows with colour, magically transforming the countryside below. It was such moods that fascinated and inspired the open-air artists of the 19th century, leading to the development of Dachau as a famous artists' colony. *(Page 82)*

Ein Stückchen erholsame Natur findet man noch in den Altwassern der Amper mit ihrem alten Baumbestand.

A haven of unspoiled nature can be found in the backwaters of the Amper with their old trees.

Vom Steg, der am Fuße des Karlsberges hinter der Eisdiele über den Mühlbach führt, hat man einen schönen Blick auf Schloß und Altstadt. Der Fußweg trägt den Namen »Am Hüttlbad«. Hier befand sich das alte Hüttlbad, ein Erwachsenenbad, das 1927 aufgegeben wurde, nachdem das neue Familienbad oberhalb des Amperwehres errichtet worden war.

From the bridge which crosses the Mühlbach (mill stream) at the foot of the Karlsberg behind the ice-cream parlour there is an excellent view of the palace and old town. The footpath is named "Am Hüttlbad" after the old swimming baths for adults which were abandoned in 1927 after the new family swimming pool complex was built above the Amper weir.

Die Ziegelmauer mit halbrunder Mauerkrone findet sich als historisierendes und immer wiederkehrendes Bauelement an vielen Stellen in der Stadt. Bei der neueren Stadtplanung hat man diese zeitlos schöne Mauerform für öffentliche Gebäude und Plätze wieder häufiger verwendet.
Die fünf Handlaufschnecken aus Bronze auf dem Bahnhofsplatz sind drehbar und diebstahlsicher angebracht.

The brick wall with a semicircular wall crown is an element from the past that can be found in many parts of the town. This timelessly elegant wall design has been increasingly used again in recent times for public places and buildings.
The five bronze snails on the hand rail at the Bahnhofsplatz rotate and are firmly attached to prevent theft.

1985 wurde die Neugestaltung des Dachauer Bahnhofsgeländes abgeschlossen. Mit dieser fußgängerfreundlichen und ästhetisch erfreulichen Lösung, die der Münchner Künstler Alfred Aschauer umsetzte, entschied sich die Stadt für ein architektonisches Konzept, das sich als gelungene Visitenkarte einer Stadt ausweist, die jährlich von einer großen Zahl an Touristen besucht wird. Die 2005 renovierte Fußgängerunterführung schmücken Reproduktionen von Gemälden, die in der Dachauer Künstlerkolonie entstanden sind, und Bildern von den Attraktionen der Stadt.

The rebuilding of the Dachau station area was completed in 1985. With this aesthetic, pedestrian-friendly solution by the Munich artist Alfred Aschauer, the town chose an architectural concept that is a successful visiting card for a place visited annually by a large number of tourists. The pedestrian subway renovated in 2005 is decorated with reproductions of paintings by members of the Dachau artists' colony and pictures of the city's attractions.

Mit dem Bau der Eisenbahnlinie München–Ingolstadt 1867 wurde Dachau zum Reiseziel und Ausflugsort der Münchner. Dies brachte dem Ort enorme wirtschaftliche Vorteile. Für die Künstler, die sich besuchsweise in der Residenzstadt München aufhielten, war es nun sehr bequem geworden, in den Markt hinauszufahren, um dort die Freilichtmalerei auszuüben.
Die Eisenbahnstrecke zählt zu den ältesten Bahnverbindungen in Bayern. Die erste Dampflokomotive befuhr die Bahnlinie, die zunächst eingleisig projektiert war, am 16. Oktober 1867 von München bis Pfaffenhofen an der Ilm zur Probe. Seit 1972 ist der Dachauer Bahnhof auch an das Münchner S-Bahn-Netz angeschlossen. Eine weitere Bahnverbindung, die im Nahbereich zwischen Dachau und Altomünster besteht, ist die Lokalbahn.
Im Zuge der Fertigstellung der ICE-Trasse, die München und Nürnberg verbindet, wurde auch der Dachauer Bahnhof umgestaltet.

With the building of the railway line from Munich to Ingolstadt in 1867, Dachau became accessible for the people of Munich and a destination for excursions. The town benefited enormously from this. For artists on a visit to Munich it was now easy to travel out to Dachau in order to paint in the open air.

The railway line is one of the oldest in Bavaria. The first steam locomotive had its trial run on this initially single-track line on 16 October 1867, travelling from Munich to Pfaffenhofen on the River Ilm. Since 1972, Dachau station has also been on the Munich suburban train network (S-Bahn). There is also a local line which runs between Dachau and Altomünster.

With the building of the ICE track, which connects Munich and Nuremberg, the station itself was redesigned.

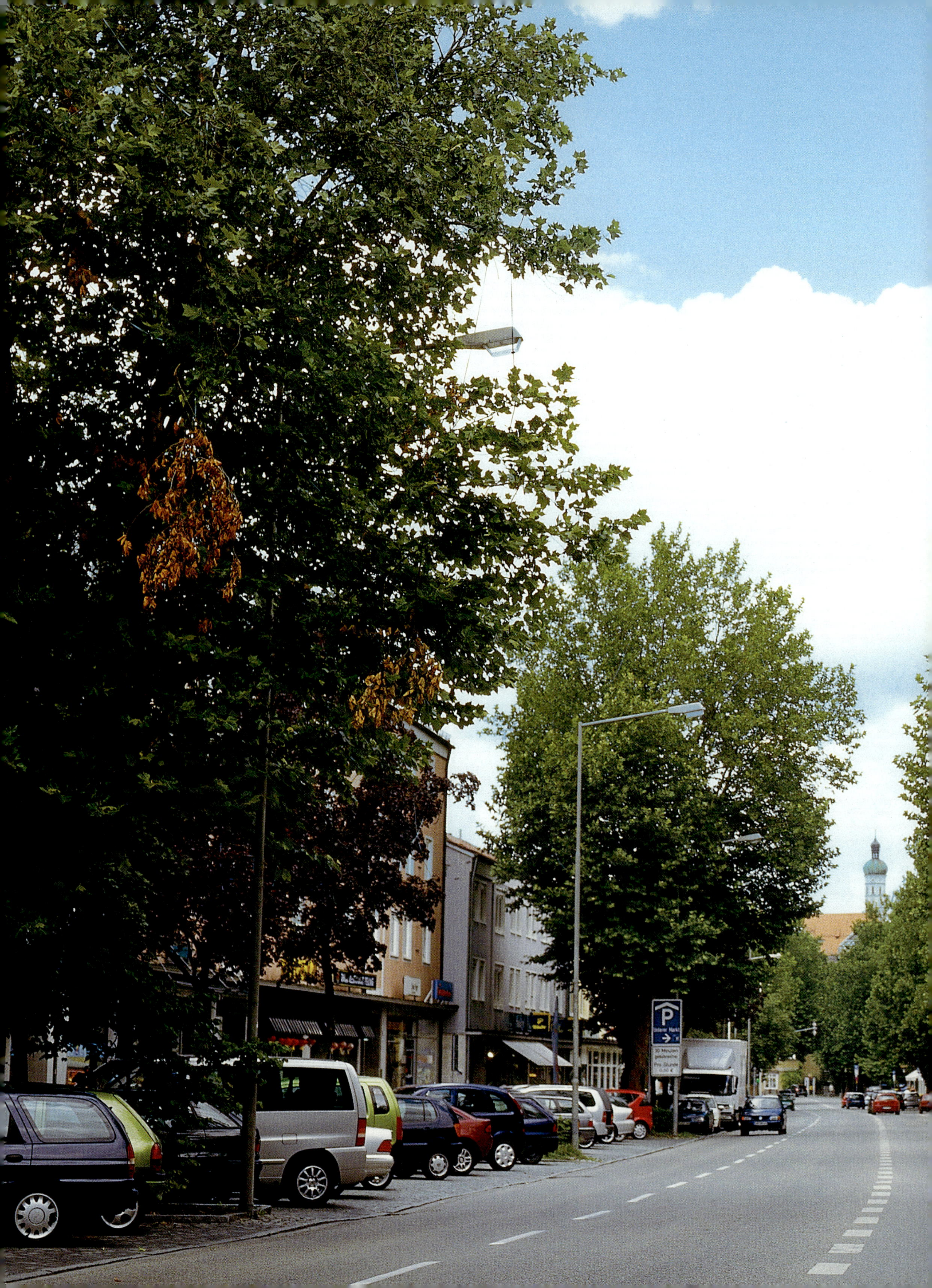

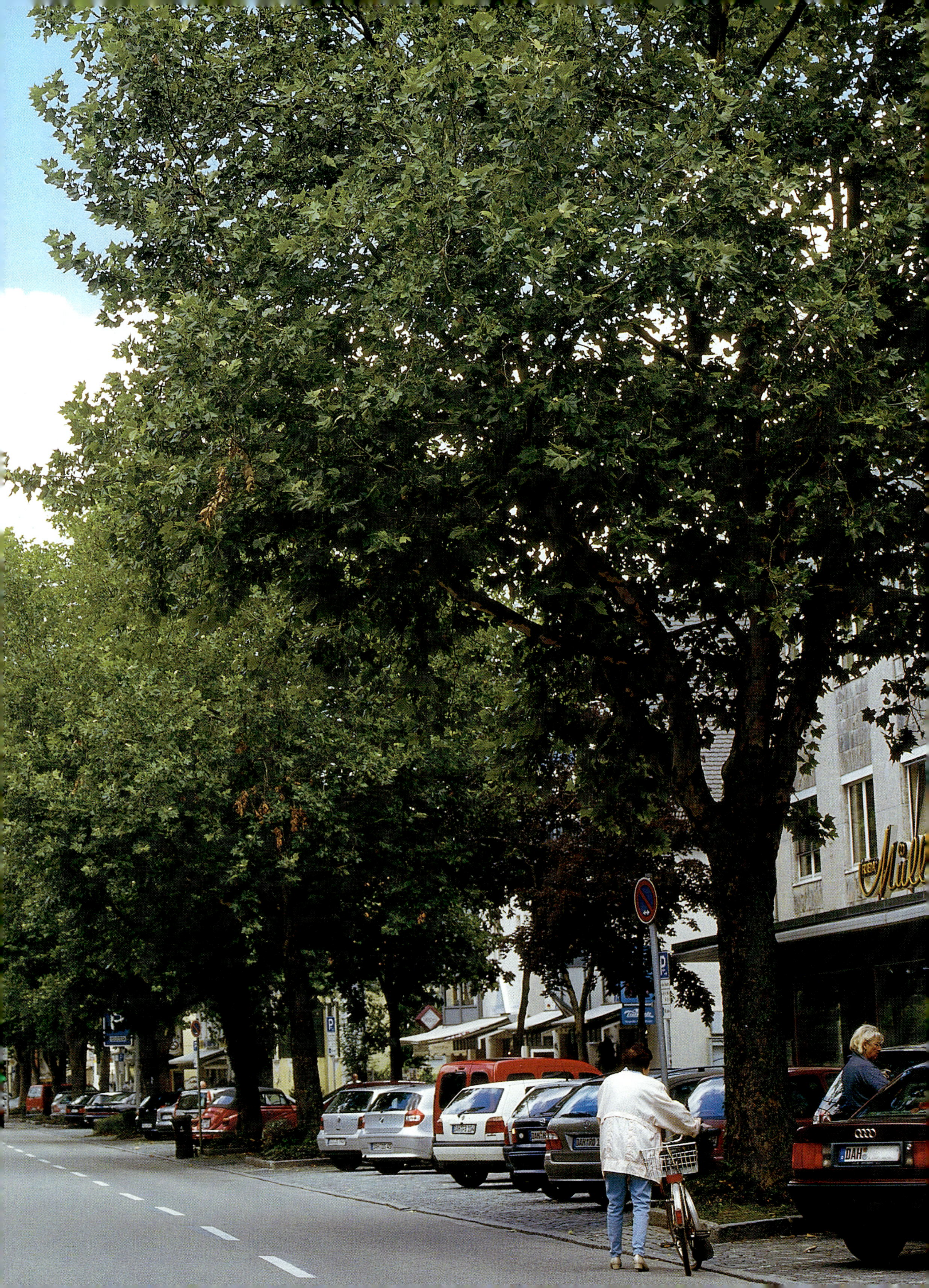

Durch die geschickte Planung des Unteren Marktes konnte das Verbauen der berühmten Stadtsilhouette verhindert werden. Die Münchner Straße ist mit ihren vielen Ladengeschäften eine der Hauptgeschäftsstraßen in der Unteren Stadt. Wie in alten Tagen werden Reisende, die aus Richtung München nach Dachau kommen, von weitem schon vom Kirchturm begrüßt.
(Seite 88/89)

The skilful planning of the Unterer Markt (Lower Market) ensured that no new building obscured the famous town silhouette. The Münchner Strasse with its many shops is one of the main commercial roads in the lower part of the town. As in the old days, travellers from Munich to Dachau can still see the tower of St Jakob from afar.
(Page 88/89)

Mit der konzentrierten Bebauung der Scheierlwiese durch den Neubau des Sparkassenplatzes mit dem Komplex der Sparkassenhauptstelle unterstrichen die Stadtplaner die Bedeutung des Unteren Marktes an der Münchner Straße als weiteres Dachauer Geschäftszentrum.
Die vier Brunnen auf dem Sparkassengelände wurden vom Bildhauer Reinhold Grübl geplant und ausgeführt. Ihnen liegt der Gedanke der Verbindung von Architektur und Natur zugrunde, denn das Sparkassengebäude steht unmittelbar am Gröbenbach.

The new Sparkassenplatz with the savings bank headquarters was designed to underline the role of the Unterer Markt on the Münchner Strasse as an additional commercial centre. The four fountains by the bank are the work of the sculptor Reinhold Grübl. They symbolize the connection between architecture and nature, as the savings bank building is located by a stream, the Gröbenbach.

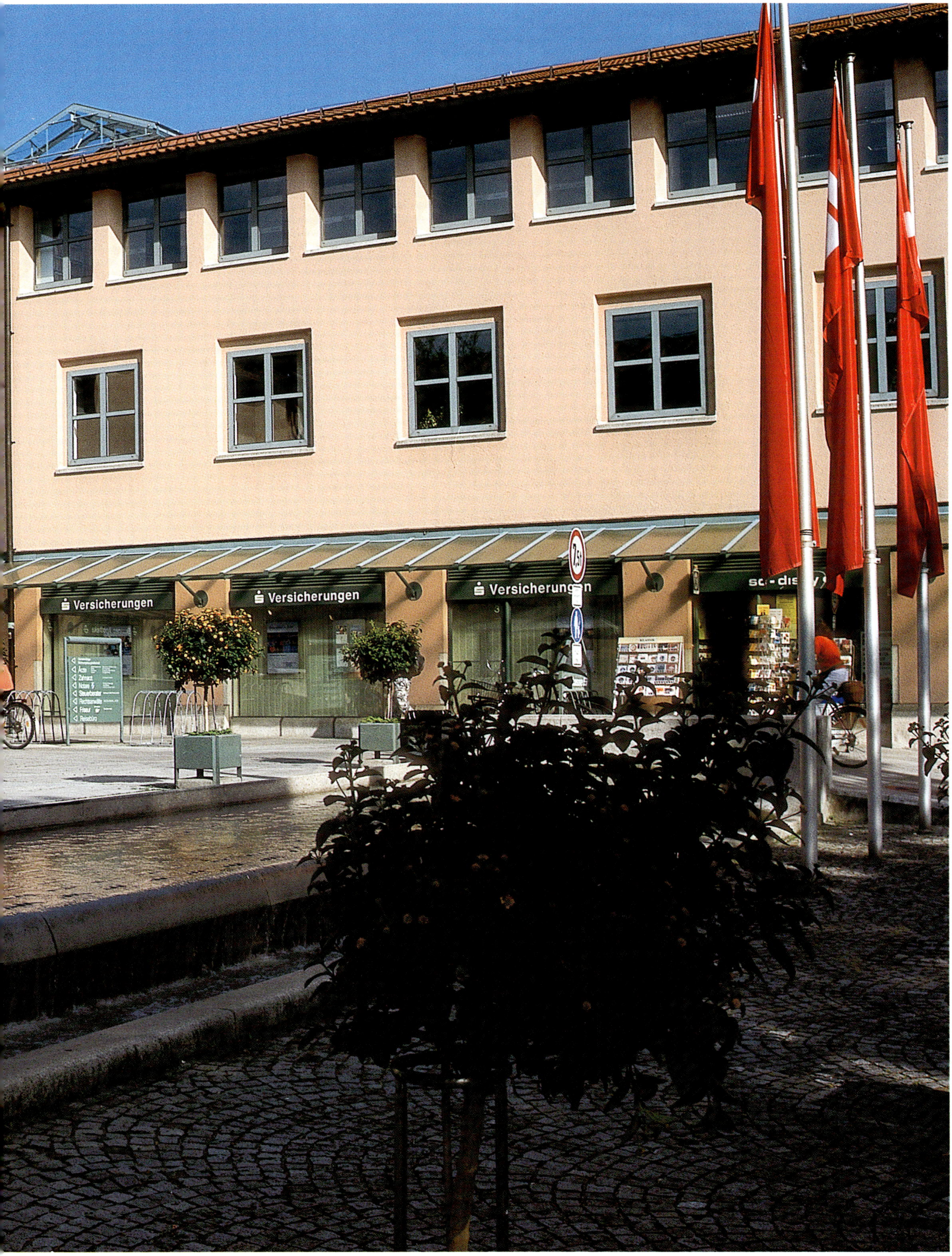
Versicherungen
Versicherungen
Versicherungen

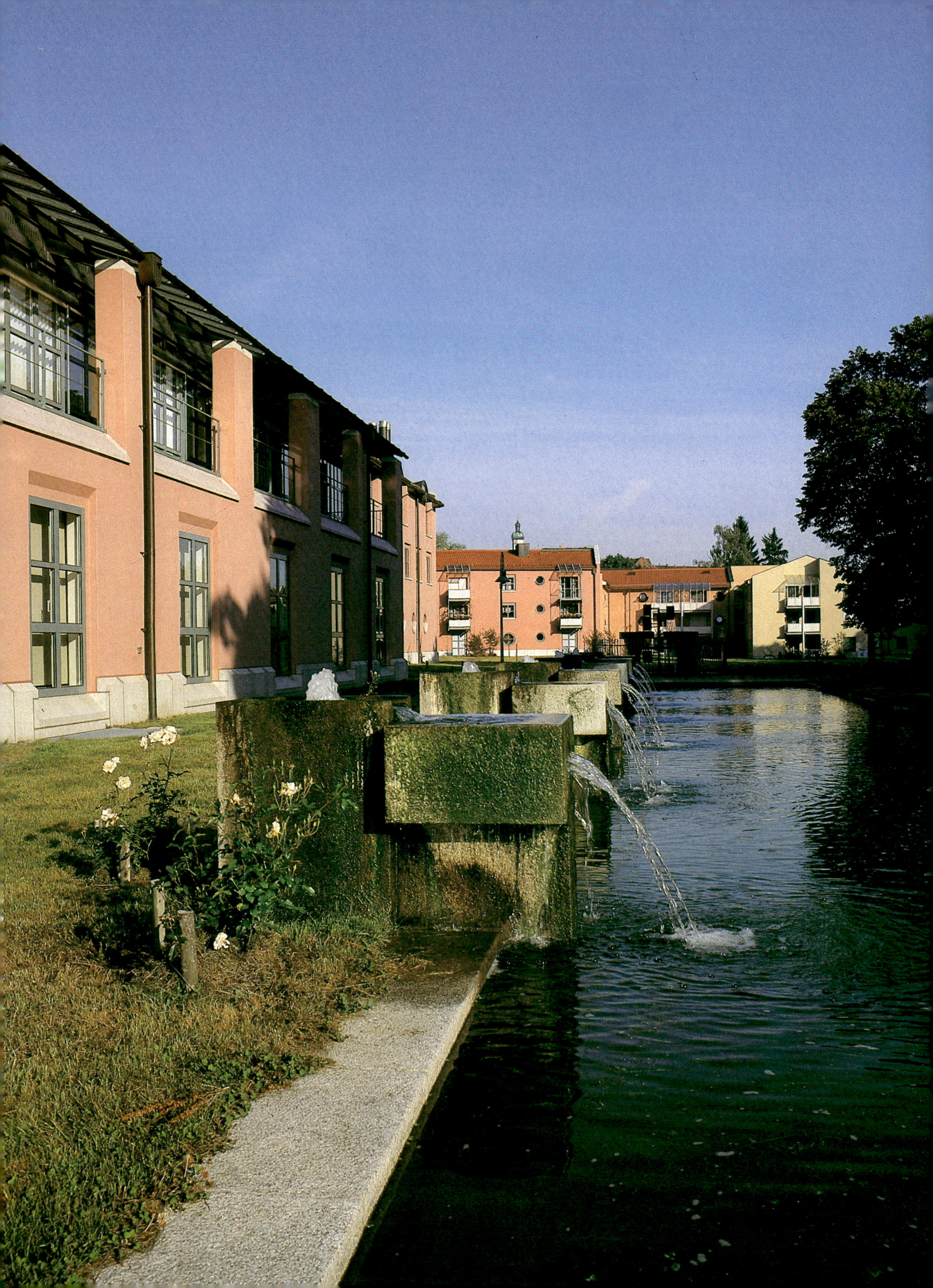

Den Gedanken des an der Rückseite der Sparkassenhauptstelle fließenden Gröbenbaches griff Reinhold Grübl mit einem Wasserbecken und einem Schöpfrad auf, die zusammen einen Kreislauf bilden. Das Schöpfrad speist das rechteckige Wasserbecken über sechs Wassertröge aus Granit. Sobald die Wassertröge gefüllt sind, speien sie das Wasser wieder zurück ins Becken. Die weißen Rosen, mit denen die Wasserspeier bepflanzt wurden, geben der ganzen Anlage einen verträumten Charakter. Das Schöpfrad erinnert an die Scheierlmühle, die sich einst auf dem Areal befunden hat.
(Seite 92)

With the stream that flows along the back of the savings bank headquarters in mind, Reinhold Grübl designed a circulation system consisting of a water basin and a bucket wheel. The wheel feeds the rectangular water basin via six granite water troughs. As soon as the troughs are filled, they spout water back into the basin. The white roses planted around the fountain make this an idyllic spot. The bucket wheel is a reminder of the mill that was once located here.
(Page 92)

Dachau gilt als eine der bedeutendsten und größten deutschen Künstlerkolonien, die sich außerhalb der Großstädte in meist ländlicher Abgeschiedenheit gebildet haben. Schon zu Beginn des 19. Jahrhunderts wurden der Markt und die ihm zu Füßen liegende Mooslandschaft von den Malern entdeckt, doch erst nach der Jahrhundertmitte wurde Dachau zum vielbesuchten Künstlerort. Viele, auch internationale Künstler ließen sich dauerhaft hier nieder, kauften oder bauten sich Häuser. Mit Ausbruch des Ersten Weltkrieges fand diese Entwicklung ein jähes Ende. Johann Georg von Dillis (1759–1841) war der früheste Entdecker der Dachauer Landschaft, obwohl seine neuen künstlerischen Ideen von der Darstellung von Atmosphäre und Stimmung zunächst ohne größere Resonanz blieben. Erst nach 1850 kam eine zweite Generation von Malern nach Dachau, darunter Eduard Schleich d. Ä., Carl Spitzweg und Christian Morgenstern, die begannen, die Mooslandschaft so darzustellen, wie sie sie subjektiv empfanden. Die Freilichtmalerei mit ihren spontanen und stimmungsvollen Eindrücken verbreitete sich rasch und etablierte sich als Gegenbewegung zum traditionellen Malstil an den Akademien.
Mit Adolf Hölzel, Ludwig Dill und Arthur Langhammer erreichte die Künstlerkolonie um 1900 ihren Höhepunkt. Die drei Freunde strebten in ihrer Malerei nach der Rhythmisierung von Farbe und Form. Hölzel war jedoch der einzige, der konsequent den Weg in die Moderne beschritt.

Dachau is one of the largest and most important of Germany's artists' colonies, and like the majority of these, developed in rural seclusion away from the big city. The market town and the moorland landscape below it had already been discovered by painters in the early 19th century, but Dachau only began attracting large numbers of artists from the middle of the century onwards. Many artists, also from outside Germany, settled here permanently and bought or built themselves houses. With the outbreak of the First World War, this development came to an abrupt end. Johann Georg von Dillis (1759–1841) was the first to discover the Dachau countryside, although at first there was little response to his new way of depicting mood and atmosphere. It was only after 1850 that a second generation of painters came to Dachau, including Eduard Schleich the Elder, Carl Spitzweg and Christian Morgenstern, who began portraying the moorland landscape according to their subjective experience of it. Open-air painting, with its spontaneous, atmospheric impressions, spread rapidly and became established as a counter-movement to the traditional painting style at the academies.
The artists' colony had its heyday in around 1900 with Adolf Hölzel, Ludwig Dill and Arthur Langhammer. In their work the three friends set out to harmonize colour and form. Hölzel was however the only one who took this further and effected the transition to modern art.

Das Atelier des Künstlers Richard Huber in der Prinz-Adalbert-Straße. Richard Huber wurde 1902 in Dachau geboren, in der Zeit, in der die Dachauer Freilichtmalerei ihren Höhepunkt erreicht hatte. In seinen Gemälden knüpfte Huber an diese Tradition an und führte sie, angeregt vom Malstil der Impressionisten, weiter. Den Dachauern ist er durch die Gestaltung von Hausfassaden in der Altstadt und in der Münchner Straße vertraut. Fresken in Kirchen des Landkreises und Wandgestaltungen in öffentlichen Gebäuden zeugen von seiner künstlerischen Vielseitigkeit. Richard Huber hatte wesentlichen Einfluß auf das kulturelle Leben in Dachau: 1939 wurde er Vorsitzender des Museumsvereins und 1958 bis 1963 erster Vorsitzender der Künstlervereinigung Dachau.

The atelier of the artist Richard Huber in Prinz-Adalbert-Strasse. Richard Huber was born in 1902 in Dachau, in the period when Dachau open-air painting was at its height. In his paintings Huber links up with this tradition and takes it a step further, inspired by the style of the impressionists. He is well-known in Dachau for his paintings on the façades of houses in the old town and in Münchner Strasse. Frescoes in the churches of the district and on the walls of public buildings testify to his versatility. Richard Huber had a major influence on cultural life in Dachau: in 1939 he became chairman of the museum association and from 1958 to 1963 was chairman of the artists' association of Dachau.

Die Kleine Moosschwaige an der Schleißheimer Straße ist seit langem Wohn- und Arbeitsstätte für Künstler. Bis heute befinden sich in dem langgestreckten Gebäude Ateliers. Noch 1894 wurde hier Landwirtschaft betrieben, 1915 erwarb der Maler Robert von Haug das Anwesen und baute es um. Aus diesem Grund trug die Kleine Moosschwaige lange Zeit die Bezeichnung »Haughaus« oder »Haugschwaige«. Als Augustenfeld 1939 nach Dachau eingemeindet wurde, änderte man die Adresse in St.-Peter-Straße 1. Zur Förderung von Dachauer Künstlern wurde die Kleine Moosschwaige im Rahmen des Stadtentwicklungsplanes zum Atelierhaus umgebaut.

The long building known as the Kleine Moosschwaige on Schleissheimer Strasse became an artists' residence and workplace almost a century ago, and still contains ateliers. In 1894 it was still being used for agricultural purposes, but in 1915 it was acquired by the painter Robert von Haug, who converted the property. For a long time the Kleine Moosschwaige was named after him. When Augustenfeld became part of Dachau in 1939, the address was changed to St.-Peter-Strasse 1. To promote the Dachau artists, the town's developers had the Kleine Moosschwaige converted into ateliers.

Eines der schönsten noch erhaltenen Künstlerhäuser ist das »Spatzenschlößl« von Professor Hermann Stockmann (1867–1938) in der Münchner Straße 38, das um 1900 erbaut wurde und in dem Stockmann bis zu seinem Tod lebte. Die repräsentative Villa im Stil der Gründerzeit lag einst in einem parkähnlichen Garten. Heute unterhalten dort verschiedene Künstler ihre Ateliers. Hermann Stockmann war nicht nur ein bekannter Maler, sondern auch ein humorvoller Illustrator für Bücher und unter anderem für die »Fliegenden Blätter«. Er hat sogar selbst gedichtet und die Texte illustriert. Stockmann war für Dachau ein Mann von großer kunst- und kulturpolitischer Bedeutung: als Sammler von Trachten und Gebrauchsgegenständen, als Arrangeur von Festzügen und als Dramaturg von Krippenspielen. Seine größten Verdienste aber lagen in der Initiierung des Museumsvereins mit der Gründung von Bezirksmuseum und Gemäldegalerie sowie der Mitbegründung der Künstlervereinigung Dachau.

One of the most beautiful artist's houses still in existence is the "Spatzenschlössl" (Sparrow Palace) built in around 1900 by Professor Hermann Stockmann (1867–1938) at Münchner Strasse 38, where Stockmann lived until his death. The representative villa in the style of the period was originally surrounded by a miniature park. Today various artists have their ateliers here. Hermann Stockmann was not only a well-known painter, but also had an important influence on art and culture in Dachau.

Das Haus von Carl Thiemann liegt in der ehemaligen Künstlerkolonie an der Hermann-Stockmann-Straße. Der Architekt Georg Ludewig erwarb 1898 das Gelände in der Absicht, die Grundstücke an Künstler zu verkaufen und für sie Häuser zu bauen. Viele Künstler haben sich hier niedergelassen und großzügig angelegte Häuser gebaut, von denen allerdings die wenigsten mehr als Künstlervillen zu erkennen sind. Die meisten wurden umgebaut, einige wurden abgerissen. Unverändert geblieben ist das Haus von Carl Thiemann (1881–1966), einem gebürtigen Karlsbader, der vor allem durch seine Holzschnitte berühmt wurde. 1922 konnte er das Haus beziehen, das in seiner Ausführung bescheidener ausgefallen war als ursprünglich geplant, »denn die Not der Zeit hatte uns immer wieder Reduzierungen in Grundriß und Aufriß abverlangt«, wie Carl Thiemann festhielt. Das Haus steht in einem großen Garten und wurde »mit Rücksicht auf das Dachauer Klima« mit wenigen kleinen Fenstern ausgestattet.

The house of Carl Thiemann (1881–1966) from Karlsbad, who was famous primarily for his woodcuts, is located in the former artists' colony in Hermann-Stockmann-Strasse. It was in 1922 that Thiemann moved into the building, which was smaller than originally planned, since, in the words of Carl Thiemann "the lack of time constantly obliged us to made reductions to the dimensions and height". The house stands in a large garden and has only a few small windows "because of the Dachau climate".

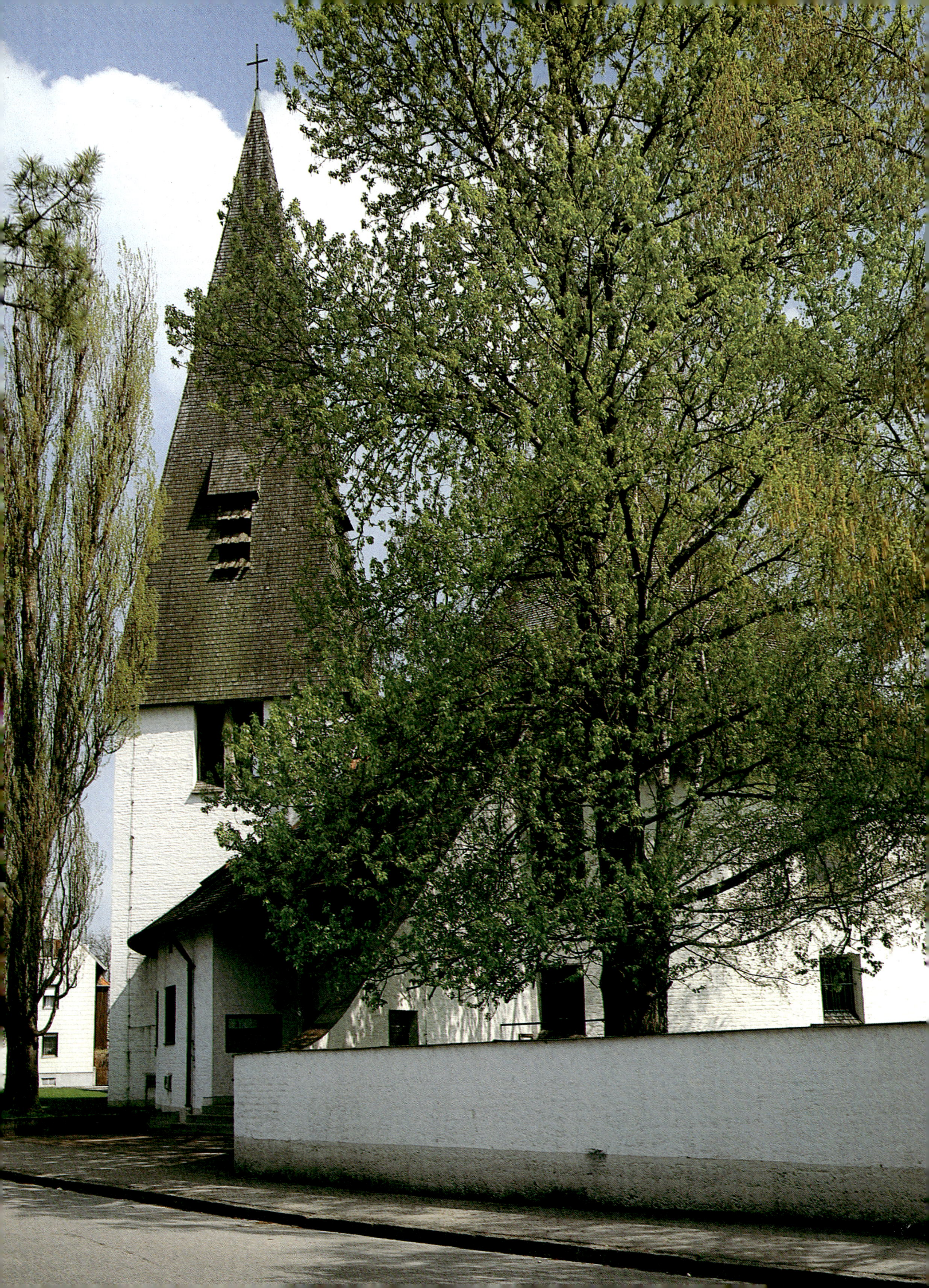

Die evangelische Friedenskirche in der Herzog-Albrecht-Straße ist die älteste Kirche der evangelischen Christen in Dachau. Sie wurde 1953 errichtet und gab den vielen heimatvertriebenen Gläubigen nach 1945 eine neue geistliche Heimat. Der Name der Friedenskirche versteht sich als christliche Antwort auf die jüngste, leidvolle Vergangenheit, für die auch Dachau ein Symbol ist. Als Symbol ist auch die Architektur des Eingangs zu verstehen: Das weit vorgezogene Dach empfängt die kommenden Christen und bietet ihnen Schutz und Geborgenheit. *(Seite 96)*

The Protestant Friedenskirche in Herzog-Albrecht-Strasse is the oldest Protestant church in Dachau. It was erected in 1953 and provided a new spiritual home for the many people who were displaced after 1945. The name, which means Peace Church, is a Christian answer to the sufferings of the recent past, for which Dachau too is a symbol. The architecture of the entrance also has a symbolic significance: the projecting roof receives the approaching Christians and offers them protection and security. *(Page 96)*

Bachläufe, die das Dachauer Stadtgebiet durchziehen, bereichern es um viele ruhige Plätzchen. Ein Beispiel dafür ist die Holzbrücke beim Wallachpark.
Die städtebaulich beispielhafte Wohnanlage Wallachpark an der Oskar-von-Miller-Straße im Stadtteil Dachau-Süd erinnert noch an die Wallachwerkstätten. In dieser Stoffdruckerei wurden die weltberühmten »Wallach-Handdrucke« nach überlieferten Mustern des 19. Jahrhunderts gefertigt. Noch bis Anfang der 1980er Jahre wurden im Wallachwerk Vorhänge und Tischwäsche von Hand bedruckt. Besonders beliebt waren die Drucke für das bayerische Dirndlkleid.
Die Bronzeskulptur »Trachtenpaar« schuf die Dachauer Bildhauerin Gertrude Oehm-Rudert 1985. Sie steht am Ende der ehemaligen Künstlerkolonie in der Hermann-Stockmann-Straße vor dem Wallachpark und soll an die ehemaligen Wallachwerke erinnern.

There are many peaceful spots by the town's various streams, such as this one by the wooden bridge next to the Wallachpark. The Wallachpark, an exemplary residential estate on Oskar-von-Miller-Strasse in the Dachau-Süd district, is named after the Wallach workshops for the printing of fabric. It was here that the world-famous "Wallach block prints" were produced from traditional 19th-century patterns. Up until the early 1980s, curtains and table linen were still being printed by hand in the Wallach workshops. The prints were particularly popular for Bavarian dirndls.
The bronze sculpture of a couple in traditional costume was created by the Dachau sculptress Gertrude Oehm-Rudert in 1985. It stands at the end of the former artists' colony in Hermann-Stockmann-Strasse in front of the Wallachpark in remembrance of the Wallach workshops originally located here.

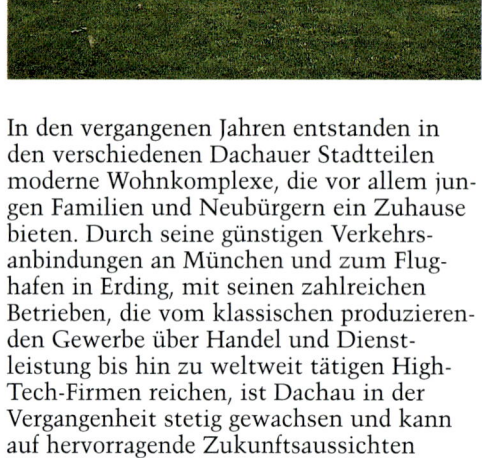

In den vergangenen Jahren entstanden in den verschiedenen Dachauer Stadtteilen moderne Wohnkomplexe, die vor allem jungen Familien und Neubürgern ein Zuhause bieten. Durch seine günstigen Verkehrsanbindungen an München und zum Flughafen in Erding, mit seinen zahlreichen Betrieben, die vom klassischen produzierenden Gewerbe über Handel und Dienstleistung bis hin zu weltweit tätigen High-Tech-Firmen reichen, ist Dachau in der Vergangenheit stetig gewachsen und kann auf hervorragende Zukunftsaussichten blicken.

In recent years modern residential complexes have been built in the various districts of Dachau which mainly provide homes for young families and new residents. As a result of the good transport connections to Munich and the airport in Erding, and the presence of numerous businesses of every kind, from manufacturing industries and the various trades to services and international high-tech firms, Dachau has been steadily growing and has excellent prospects for the future.

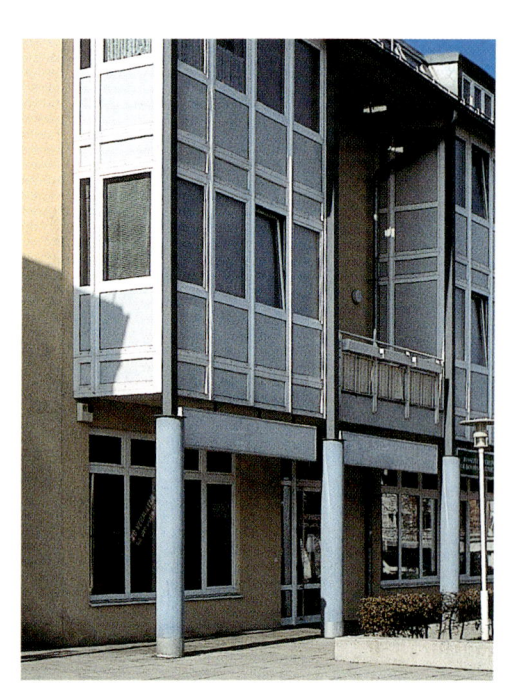

Der Hochhausturm auf dem Gelände der ehemaligen Scheierlmühle hat die Skyline von Dachau verändert. Kritiker, die befürchteten, Dachau würde mit dem hochaufragenden Bau den ersten Schritt zur seelenlosen Allerwelts-City tun, wurden eines Besseren belehrt. Mittlerweile ist der architektonisch gelungen gestaltete Turm zu einem markanten Punkt in der modernen Stadtarchitektur geworden und bietet eine grandiose Aussicht in alle vier Himmelsrichtungen. *(Seite 100/101)*

The high-rise building on the site of the Scheierlmühle, an old mill, has changed the skyline of Dachau. Critics who feared that the tall building was the first step towards turning Dachau into yet another faceless city were soon confounded. The successfully designed tower has become a striking symbol of the town's modern architecture and provides a splendid view in every direction. *(Page 100/101)*

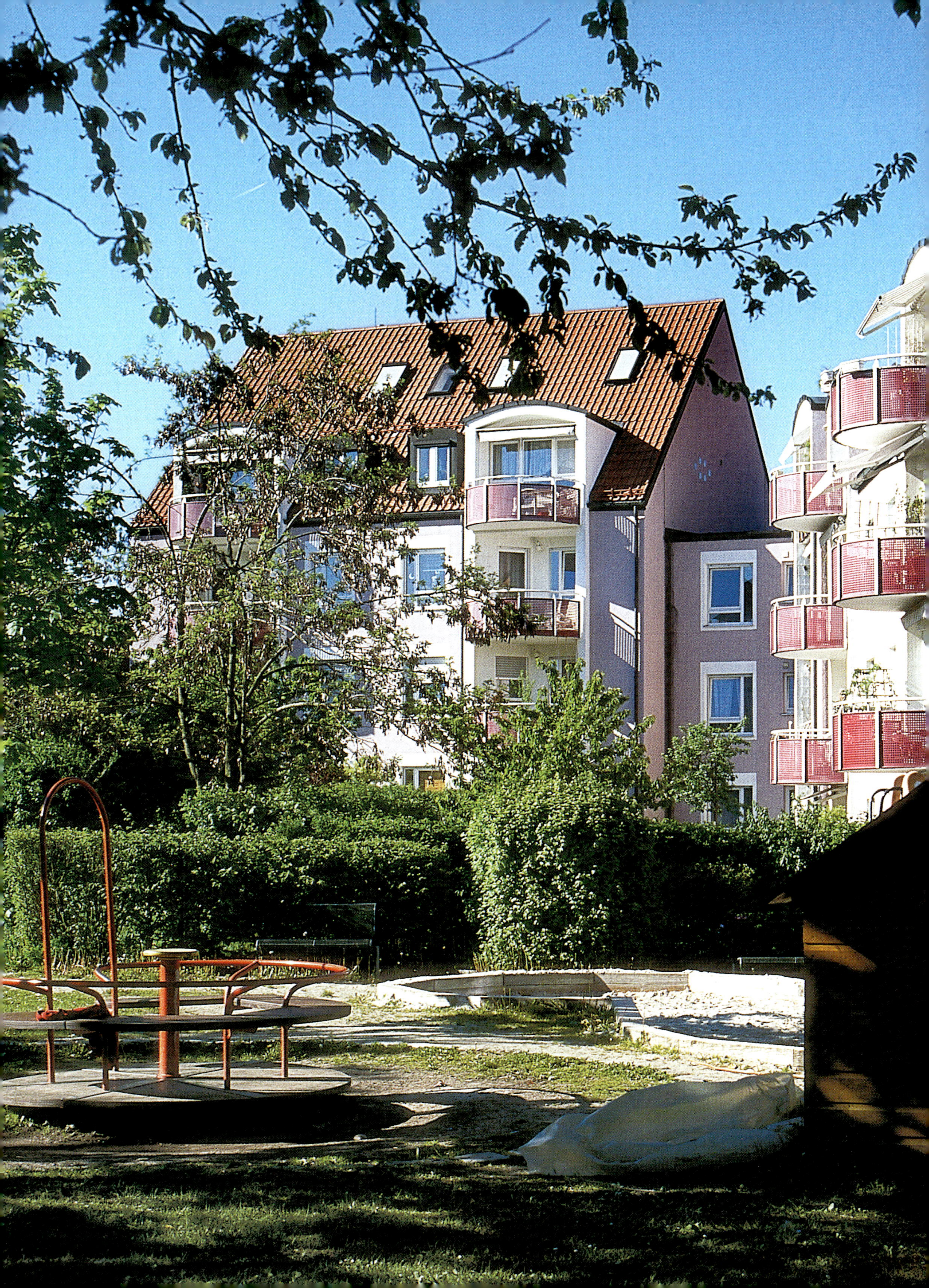

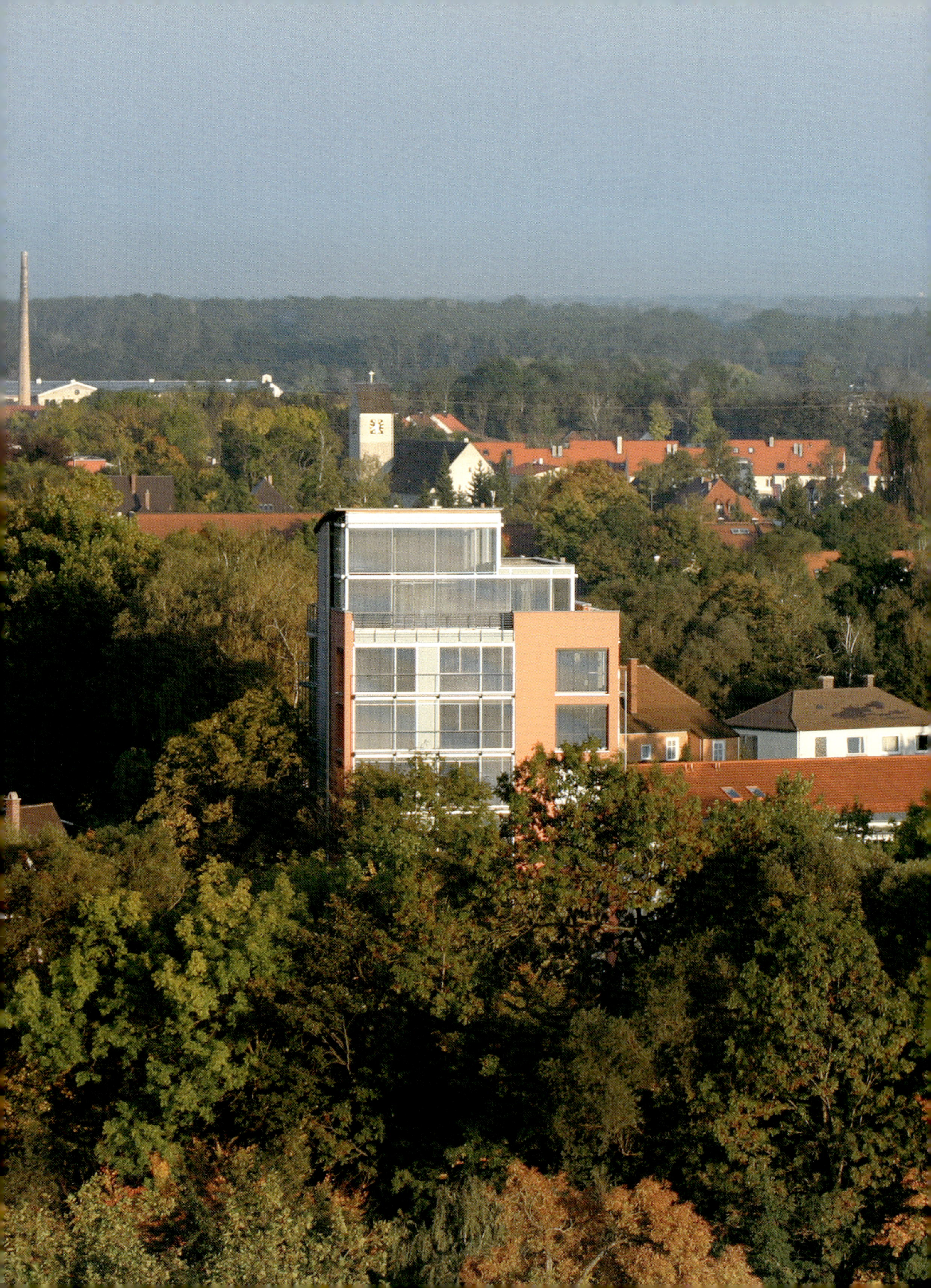

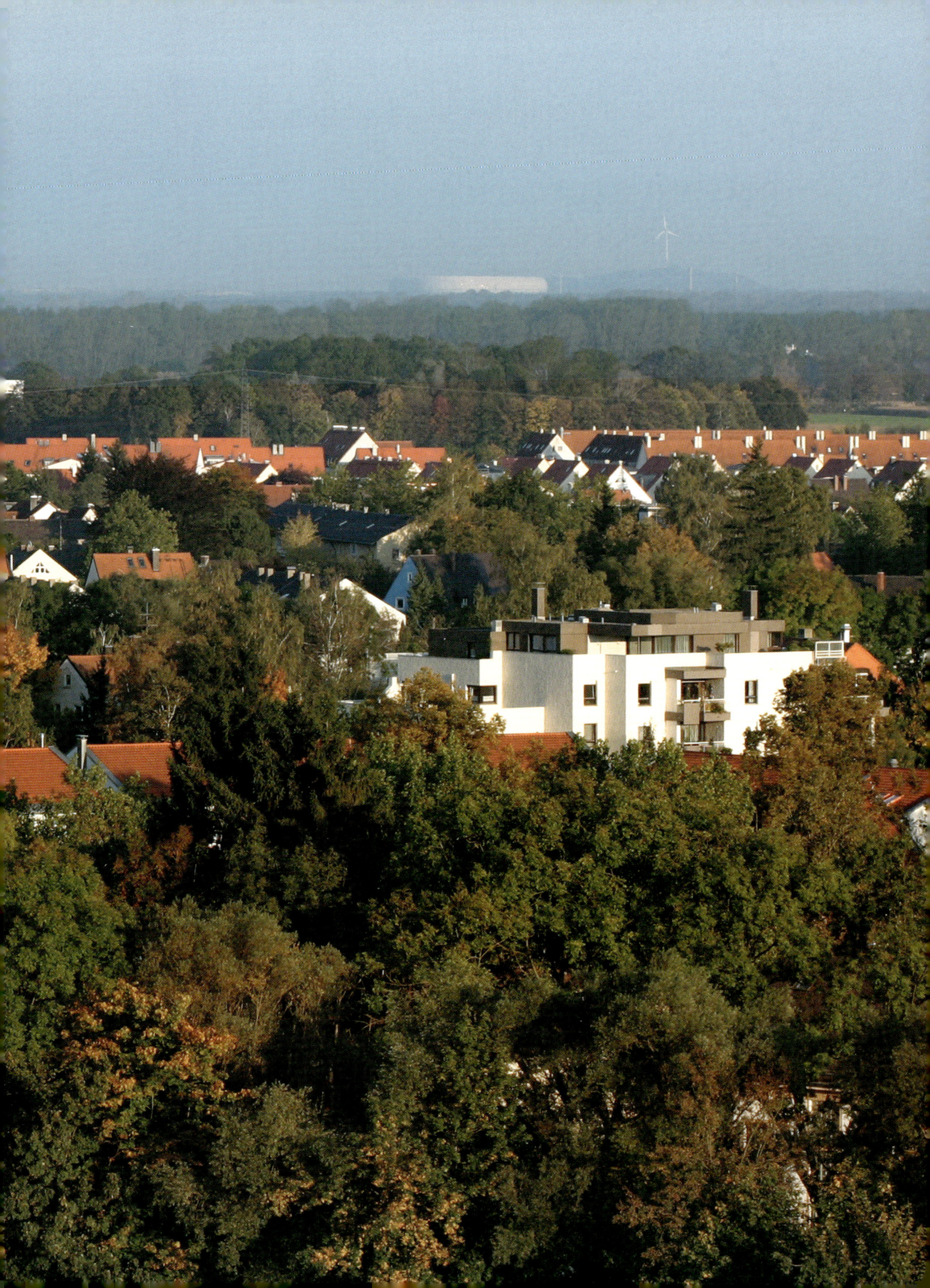

Eine Stadt ist so gut wie das Befinden ihrer Bewohner. Das bedeutet ein großes und vielfältiges Angebot an Einrichtungen, um die Lebensqualität aller Generationen zu garantieren. Nach Kriegsende, als die Heimatvertriebenen die Einwohnerzahlen Dachaus in die Höhe schnellen ließen, standen Stadtentwicklung und Wohnungsbauprogramme im Vordergrund. Neue Stadtteile wie Dachau-Süd und Dachau-Ost entstanden mit Neubausiedlungen, die auch Neubürger aus München anzogen. Um Dachau nicht zum Trabanten Münchens verkommen zu lassen, sondern für seine Bürger attraktiv und lebenswert zu gestalten, wurden mit Weitblick Stadtteilzentren geschaffen.

Ins Spiel sind die Kinder am Brunnen auf dem Ernst-Reuter-Platz versunken, der vom Bildhauer Friedrich Schelle aus Berchtesgaden gestaltet wurde. Der Brunnen ist Teil der Gesamtgestaltung des vom Adolf-Hölzel-Haus begrenzten Platzes. Die am Beckenrand plazierte Bronzefigur einer Mutter wendet ihrem Kind den Rücken zu und blickt in die Ferne. Die Plastik des Kindes, so die Intention des Bildhauers, sollte die Einladung an andere Kinder aussprechen, ebenfalls am Brunnen zu spielen.

After the end of the war, when the population shot up with the influx of displaced persons, town development and house building programmes had priority. New town districts such as Dachau-Süd and Dachau-Ost were built. In order to make Dachau an attractive place worth living in, the planners had the foresight to create district centres.

The children playing by the fountain created by the Berchtesgaden sculptor Friedrich Schelle on Ernst-Reuter-Platz are engrossed in their game. The fountain is an integral part of this square which is bordered by the Adolf-Hölzel House. The bronze figure of a mother on the edge of the fountain has her back turned to her child and is looking into the distance. The sculpture of the child was designed by the sculptor to encourage other children to come and play by the fountain too.

Für das Wohl der Senioren Sorge zu tragen, gehört zu den dringlichsten Aufgaben unserer Gesellschaft. In den Jahren 1985 und 1986 errichtete die Stadt Dachau an der Ludwig-Ernst-Straße neue Altenwohnungen. *(Seite 103)*

One of the most urgent tasks of our society is to provide adequate facilities for senior citizens. In 1985 and 1986 the town built new apartments for the elderly on Ludwig-Ernst-Strasse. *(Page 103)*

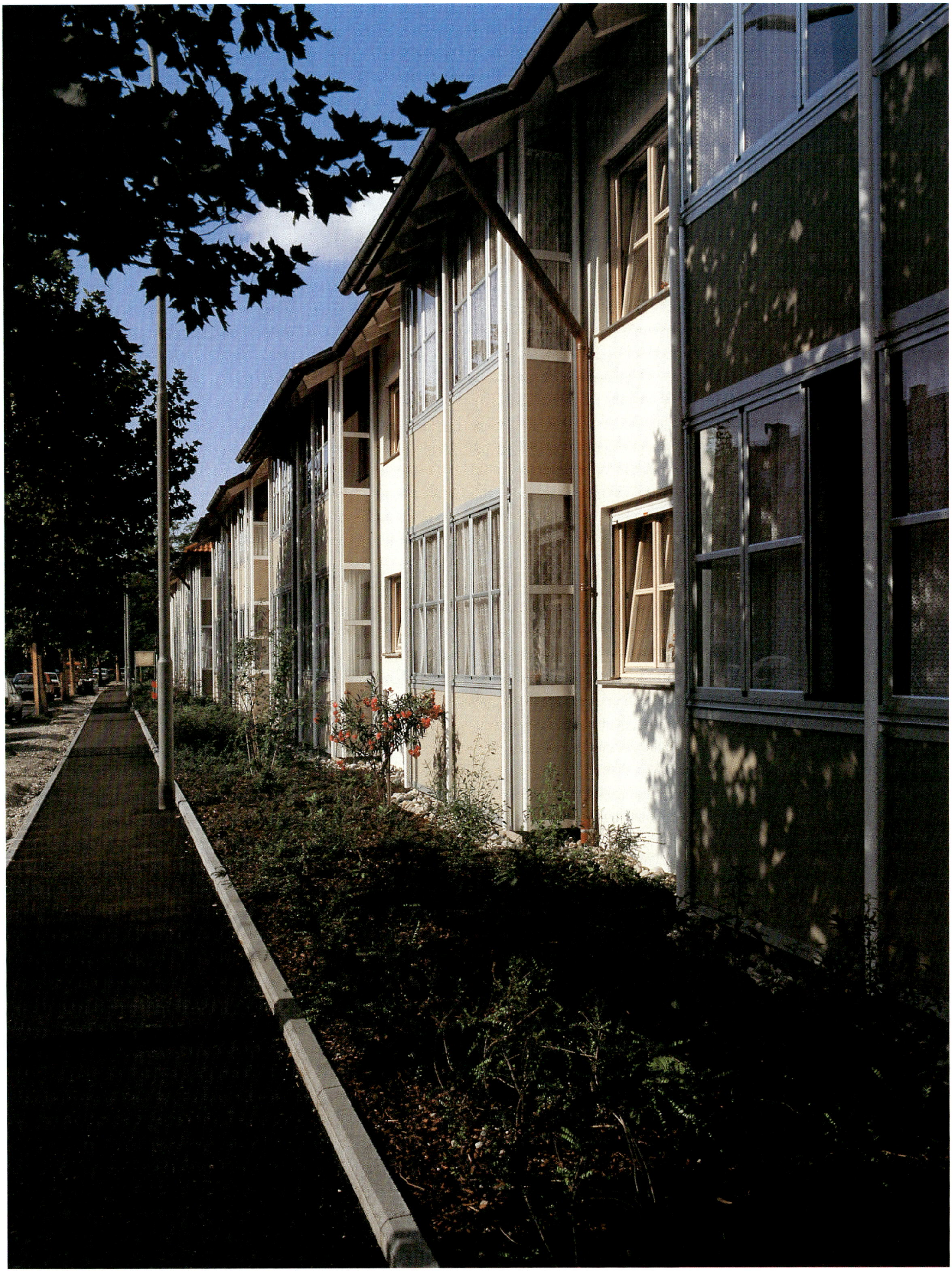

Im Stadtteilzentrum von Dachau-Süd, dem Klagenfurter Platz, steht eine Metallskulptur aus dem Jahr 1980. Sie besteht aus verschieden großen Ringen, die ineinander verschlungen um einen Mittelsteg kreisen. Der Bildhauer Wolfgang Aichinger hat das Denkmal dem in Klagenfurt geborenen Schriftsteller und Dramatiker Robert Musil (1880–1942) gewidmet.

Seit 1974 sind Kärntens Hauptstadt Klagenfurt und Dachau herzlich verbundene Partnerstädte. Der Klagenfurter Platz ist zugleich ehrendes Denkmal und symbolische Vergegenwärtigung dieser intensiv gepflegten Freundschaft. In die architektonische Gestaltung des Platzes ist das Element der Ziegelmauer mit halbrunder Mauerkrone eingeflossen, das an vielen Stellen in Dachau zu finden ist.

On Klagenfurter Platz, which forms the centre of the Dachau-Süd district, is a metal sculpture dating from 1980. It consists of rings of various sizes, linked together and encircling a central vertical pole. The sculptor Wolfgang Aichinger dedicated this monument to the writer and dramatist Robert Musil (1880–1942), who was born in Klagenfurt.

Since 1974, Carinthia's capital Klagenfurt and Dachau have maintained close contact as partner towns. Klagenfurter Platz is both a monument to this and a symbol of the actively cultivated friendship between the two towns. Incorporated in the architectural design of the square is a brick wall with a semicircular wall crown, a feature that is to be found in many parts of Dachau.

Lange Zeit war Dachau-Ost mit seinen monotonen Hochhausbauten das Stiefkind in der Städteplanung. Seit einigen Jahren bemühen sich die Stadtväter auch in diesem Stadtteil um eine ansprechende, menschenfreundliche Architektur.
Der Ernst-Reuter-Platz mit dem Adolf-Hölzel-Haus ist das Stadtteilzentrum von Dachau-Ost. Mit seiner leichten und durch Glas- und Metallelemente aufgelockerten Architektur ist es ein Beispiel für modernes, funktionales und unaufdringliches Bauen. Im Adolf-Hölzel-Haus befindet sich eine Zweigstelle der Stadtbücherei und ein Saal, der für Veranstaltungen der Stadt und von Vereinen genutzt wird.

For a long time Dachau-Ost with its monotonous high-rise buildings was a thorn in the side of the town planners. For several years now, the town's authorities have also been trying to make this district more appealing with attractive, people-friendly architecture.
Ernst-Reuter-Platz with the Adolf-Hölzel House is the district centre of Dachau-Ost. With its weightless architecture decorated with glass and metal features, it is an example of modern, functional, non-intrusive building. In the Adolf-Hölzel House is a branch of the municipal library and a hall used for events by the town and various associations.

In Dachau-Ost wurde in den vergangenen Jahren das Gewerbegebiet »Am Schwarzen Graben« östlich der Alten Römerstraße erschlossen. Neue Arbeitsplätze und weitere Einkaufsmöglichkeiten für die Dachauer Bürger außerhalb der Innenstadt wurden damit geschaffen. Neben Firmen und Gewerbebetrieben haben sich dort großflächige Lebensmittelmärkte, Bekleidungs- und Elektrokonzerne angesiedelt – nicht immer zur Freude der Geschäftsinhaber in der Altstadt und in der Unteren Stadt von Dachau.

In recent years the industrial estate "Am Schwarzen Graben" has been developed in Dachau-Ost, east of Alte Römerstrasse, creating new jobs and additional shopping facilities outside the centre for the people of Dachau. In addition to offices and factories, large supermarkets, clothing and electrical goods shops have opened here – which has not necessarily been a welcome development for the businesses in the old town and Lower Market of Dachau.

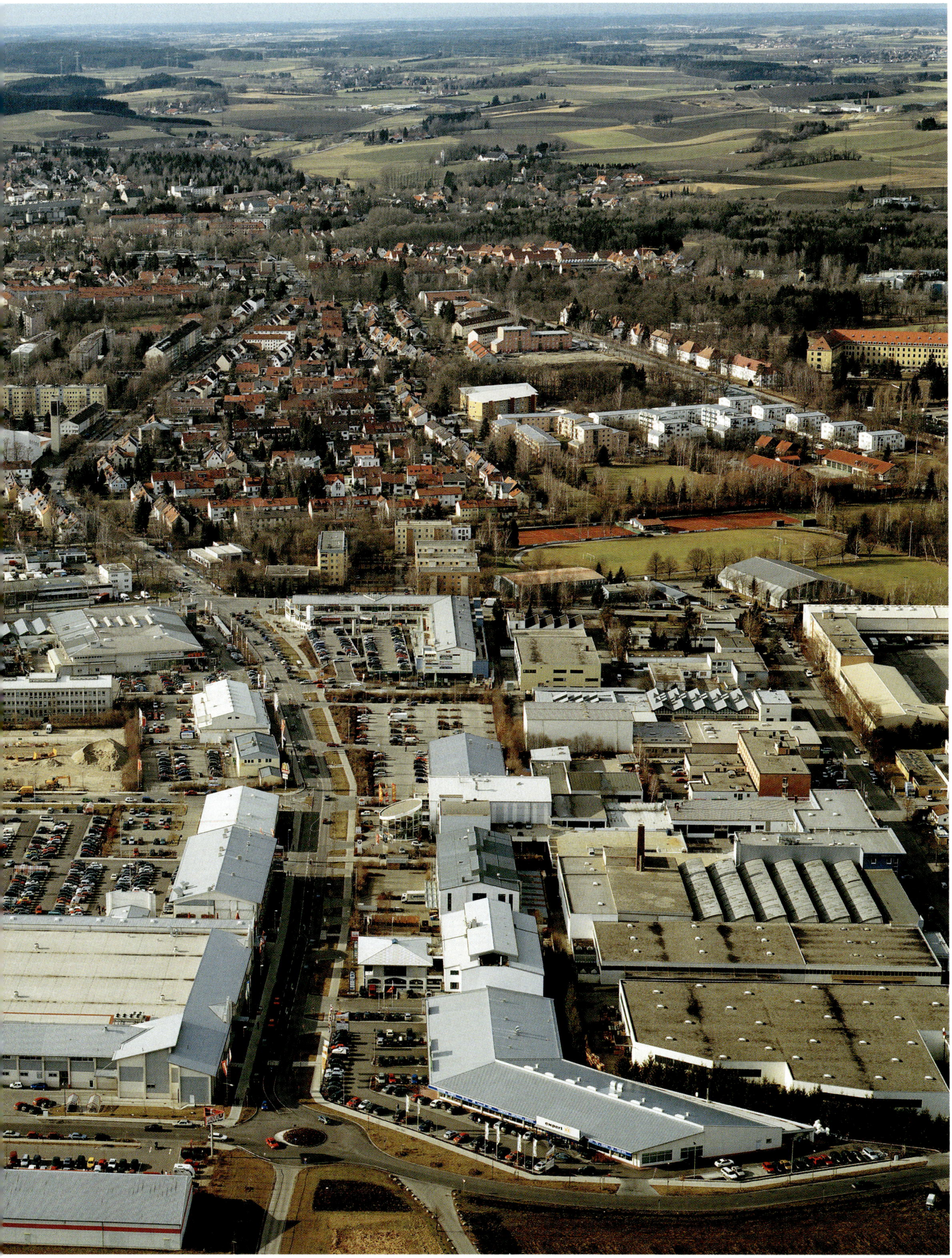

Oasen der Ruhe und Erholung findet man im Dachauer Stadtgebiet in der Nähe der Amper und im Stadtwald. Dieser Wald wurde der Stadt Dachau 1921 vom Brauereibesitzer Eduard Ziegler als Schenkung überlassen. Der Stadtwald ist die grüne Lunge Dachaus und ein wichtiges Freizeit- und Naherholungsgebiet. Auf langen Spaziergängen kann man immer wieder Neues entdecken und zwischendurch auf einer der Bänke rasten. Freizeitsportler können ihre Fitneß auf einem Trimmpfad verbessern.

Oases of peace and recreation can be found within the town boundaries by the River Amper and in the Stadtwald, woodland which was donated to the town of Dachau in 1921 by the brewery owner Eduard Ziegler. The Stadtwald is Dachau's "green lung" and an important leisure and recreation area. Long walks here always bring new discoveries and seats are provided for a welcome rest. A keep-fit trail is available to help sport fans improve their condition.

Am 28. April 1945 spielte sich im »Dachauer Aufstand« vor dem Sparkassengebäude ein schreckliches Verbrechen ab. Kurz vor Kriegsende hatte eine Gruppe von Dachauer Männern und entkommenen KZ-Häftlingen das Rathaus und alle wichtigen Ämter der Stadt besetzt. Wehrmacht und SS sollten so an der Verteidigung Dachaus gehindert und die Stadt vor der Vernichtung durch die herannahenden amerikanischen Truppen gerettet werden. Der Aufstand wurde jedoch niedergeschlagen, und die fünf Gefangenen – Friedrich Dürr, Anton Hackl, Anton Hechtl, Johann Pflügler und Lorenz Scherer – wurden an der Wand des Sparkassengebäudes standrechtlich erschossen. Das sechste Opfer, der Österreicher Erich Hubmann, war im Kampf vor dem Rathaus gefallen. Eine Gedenktafel an der Fassade erinnert an die Toten des Aufstandes. Alljährlich an ihrem Todestag wird die Tafel zu ihrem Gedenken geschmückt. Zum ehrenden Andenken wurden sechs Straßen in Dachau nach den ermordeten Widerstandskämpfern benannt.

On 28 April 1945 a terrible crime was committed in front of the savings bank building in connection with the "Dachau Uprising". Shortly before the end of the war, a group of Dachau men and escaped concentration camp prisoners occupied the town hall and all the important offices in the town. Their object was to prevent the army and SS from defending Dachau and thus save the town from destruction by the approaching American troops. The uprising was however crushed and the five prisoners – Friedrich Dürr, Anton Hackl, Anton Hechtl, Johann Pflügler and Lorenz Scherer – were summarily shot by the wall of the savings bank building. The sixth victim, Erich Hubmann, had fallen in the fighting in front of the town hall. A memorial plaque on the façade commemorates those who died in this uprising. Every year on the anniversary of their deaths the plaque is decorated. Six roads in Dachau have been named in honour of the murdered resistance fighters.

Das Mahnmal für den Unbekannten Häftling steht auf dem Weg aus dem ehemaligen Schutzhaftlager in den Krematoriumsbereich der KZ-Gedenkstätte. Das Standbild aus Bronze, das in einer Grünanlage aufgestellt wurde, ist eines der ältesten Denkmäler in der KZ-Gedenkstätte. Der Bildhauer Fritz Koelle schuf es 1946. Es stellt einen ausgemergelten Gefangenen dar, der trotz Gewalt und Terror der SS zum Widerstand bereit ist. Die geballten Fäuste in den Manteltaschen symbolisieren, daß er im geheimen zum Kampf gegen die grausamen Machthaber entschlossen ist, um das Lager zu überleben. *(Seite 111)*

The memorial to the unknown prisoner lies between the former preventive detention camp and the crematorium area of the concentration camp memorial site. The bronze statue, erected in a green area, is one of the oldest monuments on the memorial site. It was created by the sculptor Fritz Koelle in 1946 and depicts an emaciated prisoner, who in spite of the violence and terror of the SS is prepared to resist. His fists are clenched in his coat pockets, symbolizing his secret determination to fight the cruel rulers in order to survive the camp. *(Page 111)*

DEN TOTEN
ZUR EHR
DEN LEBENDEN
ZUR MAHNUNG

Das 1937 eingerichtete Jourhaus war das Torgebäude mit Hauptzugang zum Konzentrationslager und gleichzeitig das Dienstgebäude der SS. Alle wichtigen Abteilungen der Lagerführung hatten dort Büroräume. Im ersten Stock war die Politische Abteilung untergebracht, in der die Vernehmungen stattfanden und in der über Leben und Tod entschieden wurde. Alle neu eintreffenden Häftlinge wurden durch das Tor mit der Inschrift »Arbeit macht frei« geschleust. Angesichts des Leids, das die Häftlinge erwartete, eine zynische Devise. Der historische Zugang durch das Jourhaus wurde zum 60. Jahrestag der Befreiung wiederhergestellt. Ein kleines Stück des Leidensweges der Häftlinge ist fußläufig begehbar.

The Jourhaus established in 1937 was the guard-house with the main entrance to the camp and also housed the offices of the SS. All the important administrative departments of the camp had their offices here. On the first floor was the political department, where interrogations took place and the prisoners' fate was decided. All new prisoners were funnelled through the gate with the inscription "Work makes you free" – a cynical motto in view of the suffering that awaited the prisoners. The historic entrance through the Jourhaus was rebuilt for the 60th anniversary of the liberation. Visitors can walk along a small section of the prisoners' route into the camp.

Das Internationale Mahnmal vor dem ehemaligen Wirtschaftsgebäude in der KZ-Gedenkstätte schuf der jugoslawische Bildhauer Nandor Glid. Es wurde 1968 eingeweiht und erinnert an die Häftlinge aus mehr als dreißig Nationen, die im Konzentrationslager Dachau starben. Mit seinen verschlungenen Skeletten und einer stilisierten Kette an der rechten Betonwand symbolisiert es das Martyrium der Häftlinge bis zu ihrem Tod. Das Mahnmal trägt in vier Sprachen folgende Inschriften: »Möge das Vorbild derer, die hier von 1933 bis 1945 wegen ihres Kampfes gegen den Nationalsozialismus ihr Leben ließen, die Lebenden vereinen zur Verteidigung des Friedens und der Freiheit und in Ehrfurcht vor der Würde des Menschen.« *(Seite 113)*

The international memorial in front of the former maintenance building in the concentration camp memorial was created by the Yugoslavian sculptor Nandor Glid. It was inaugurated in 1968 and is a monument to the prisoners from over 30 countries who died in the Dachau concentration camp. With its entwined skeletons and a stylized chain on the right-hand concrete wall it symbolizes the suffering of the prisoners that ended with their deaths. The memorial bears the following inscriptions in four languages: "May the example of those who were exterminated here between 1933 and 1945 because they resisted Nazism help to unite the living for the defence of peace and freedom and in respect for their fellow men«. *(Page 113)*

1933-1945

Eingang zum Sühnekloster »Karmel Heilig Blut Dachau« an der Nordseite der KZ-Gedenkstätte. Das Kloster der Karmelitinnen wurde 1964 als eines der jüngsten in Deutschland von Weihbischof Neuhäusler, einst selbst KZ-Häftling, eingeweiht. Das Kloster, das strenge Klausur verlangt, versteht sich als tätiger Ort des Gedenkens und der Buße, stellvertretend für alle Christen, die sich zur Sühne berufen fühlen.
Ein erhaltener Wachturm wurde zum Klostereingang umgebaut. Die ebenerdigen Bauten, die das Kloster bilden, haben die Form eines Kreuzes.

Entrance to the expiatory convent "Karmel Heilig Blut Dachau" (Carmelite Convent of the Precious Blood) on the north side of the concentration camp memorial site. The Carmelite convent, one of the most recent in Germany, was founded in 1964 by the suffragan bishop Neuhäusler, who had himself been a prisoner. The convent, governed by rules of strict seclusion, is a place of contemplation and expiation on behalf of all Christians who feel called to atone. One of the remaining watchtowers became the convent entrance. The flat buildings of the nunnery are in the form of a cross.

Die Gedächtniskapelle »Regina Pacis« (Königin des Friedens) auf dem Leitenberg in Etzenhausen wurde 1963 zum Gedenken an alle Italiener errichtet, die in den nationalsozialistischen Konzentrationslagern ums Leben gekommen sind. Ein Fußweg mit vierzehn Kreuzwegstationen führt vom Parkplatz aus zu dem runden Kuppelbau im Renaissancestil hinauf. In die roh behauenen Marmorblöcke hat der italienische Bildhauer Vittorio di Colbertaldo Reliefbilder mit den einzelnen Kreuzwegstationen geschlagen. An die Gedenkstätte schließt sich der Ehrenfriedhof für mehr als 7400 größtenteils unbekannte KZ-Häftlinge an. *(Seite 115)*

The memorial chapel "Regina Pacis" (Queen of Peace) on the Leitenberg in Etzenhausen was erected in 1963 in remembrance of all the Italians who lost their lives in Nazi concentration camps. A footpath with fourteen stations of the cross leads from the car park to the circular domed chapel built in the Renaissance style. In the rough-hewn marble blocks the Italian sculptor Vittorio di Colbertaldo has carved relief pictures of the individual stations of the cross. Next to the chapel is the cemetery for over 7,400 concentration camp prisoners, most of whose names are unknown. *(Page 115)*

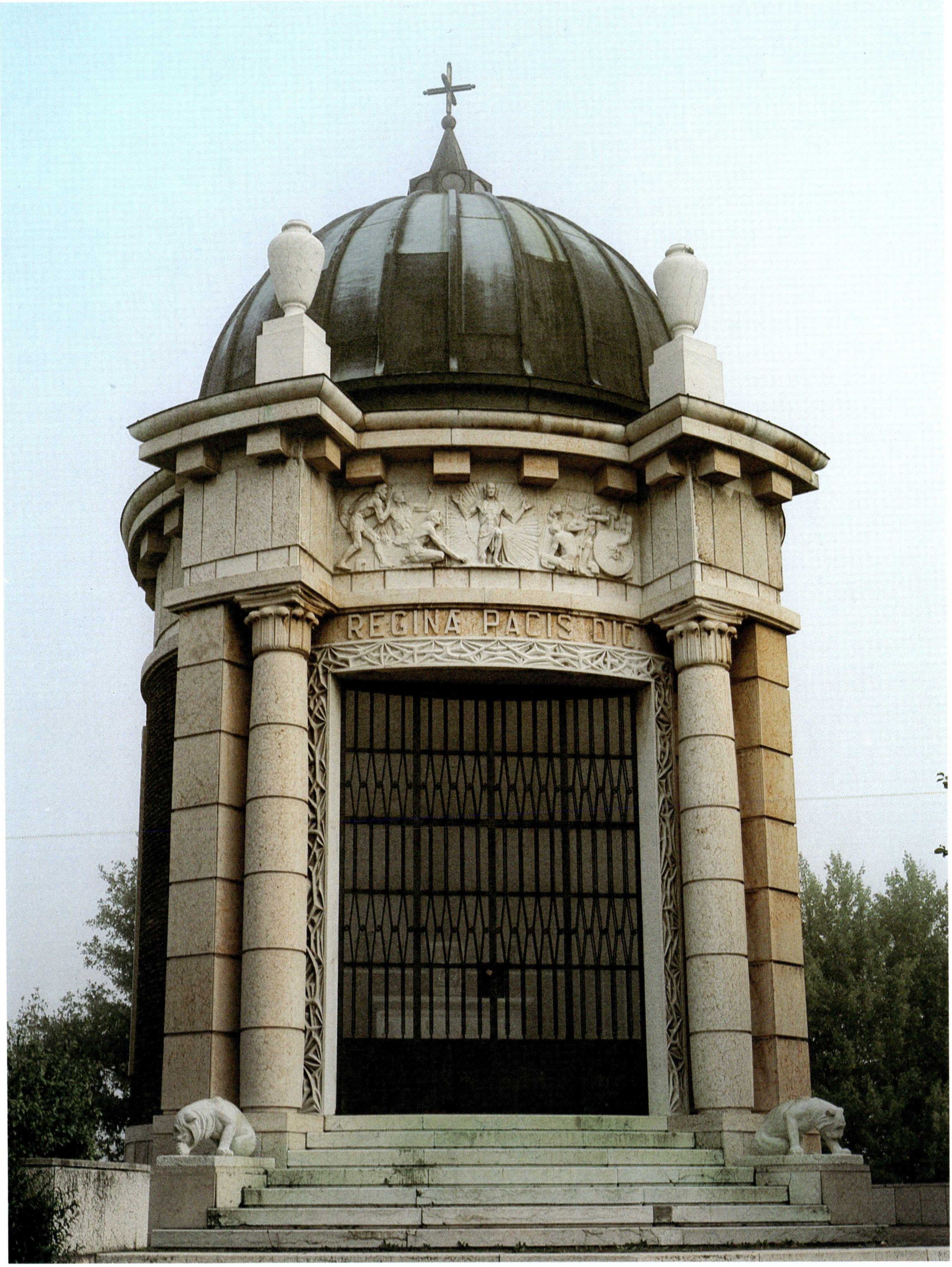
REGINA PACIS DIC

Im Friedhof auf der Leite fanden Opfer des Konzentrationslagers ihre letzte Ruhestätte.

Victims of the concentration camp were laid to rest in the cemetery on the Leite.

Spätes Herbstlicht auf dem Stadtfriedhof an der Gottesackerstraße. *(Seite 117)*

Late autumn in the municipal cemetery in Gottesackerstrasse. *(Page 117)*

Die Kapelle Heiligkreuz auf dem Dachauer Stadtfriedhof ist ein kleiner, achteckiger Zentralbau, der um 1628 errichtet wurde. Seit 1961 dient der Bau als Gedächtniskapelle für die Gefallenen der beiden Weltkriege. Im Zwiebeltürmchen hängt die älteste Glocke Dachaus aus dem Jahr 1406.

The Heiligkreuz (Holy Cross) chapel in Dachau's municipal cemetery is a small, octagonal centralized building dating from 1628. Since 1961 it has served as a memorial chapel for all who fell in the two world wars. In the little onion tower is the oldest bell in Dachau, dating from 1406.

Durch seine landschaftlich reizvoll gestaltete Anlage schafft der Waldfriedhof der Stadt Dachau den Toten eine würdevolle Umgebung zur letzten Ruhe. Angehörigen, welche die Gräber pflegen, und auch Erholungsuchenden bietet der Friedhof Raum und Ruhe zur Besinnung. Der Haupteingang des Friedhofs ist durch die Einfassung mit einer roten Ziegelmauer als Platz gestaltet. Auch hier wurde das in Dachau oft wiederkehrende Motiv der halbrunden Mauerkrone als gestalterisches Element eingesetzt. Von diesem Standpunkt aus hat man freien Blick zum Steinkirchener Kirchlein St. Stefan, ein klassisches Motiv der Dachauer Maler. *(Seite 118/119)*

The attractively designed Waldfriedhof, Dachau's second municipal cemetery, is a dignified final resting place. For relatives looking after the graves and other visitors in search of peace and quiet, the cemetery is a place of refuge and contemplation. The main entrance to the cemetery is in the form of a square surrounded with a red brick wall. Here too, the recurring Dachau motif of the semicircular wall crown has been employed. From this spot there is a clear view of the little church of St Stefan, a favourite motif of the Dachau painters. *(Page 118/119)*

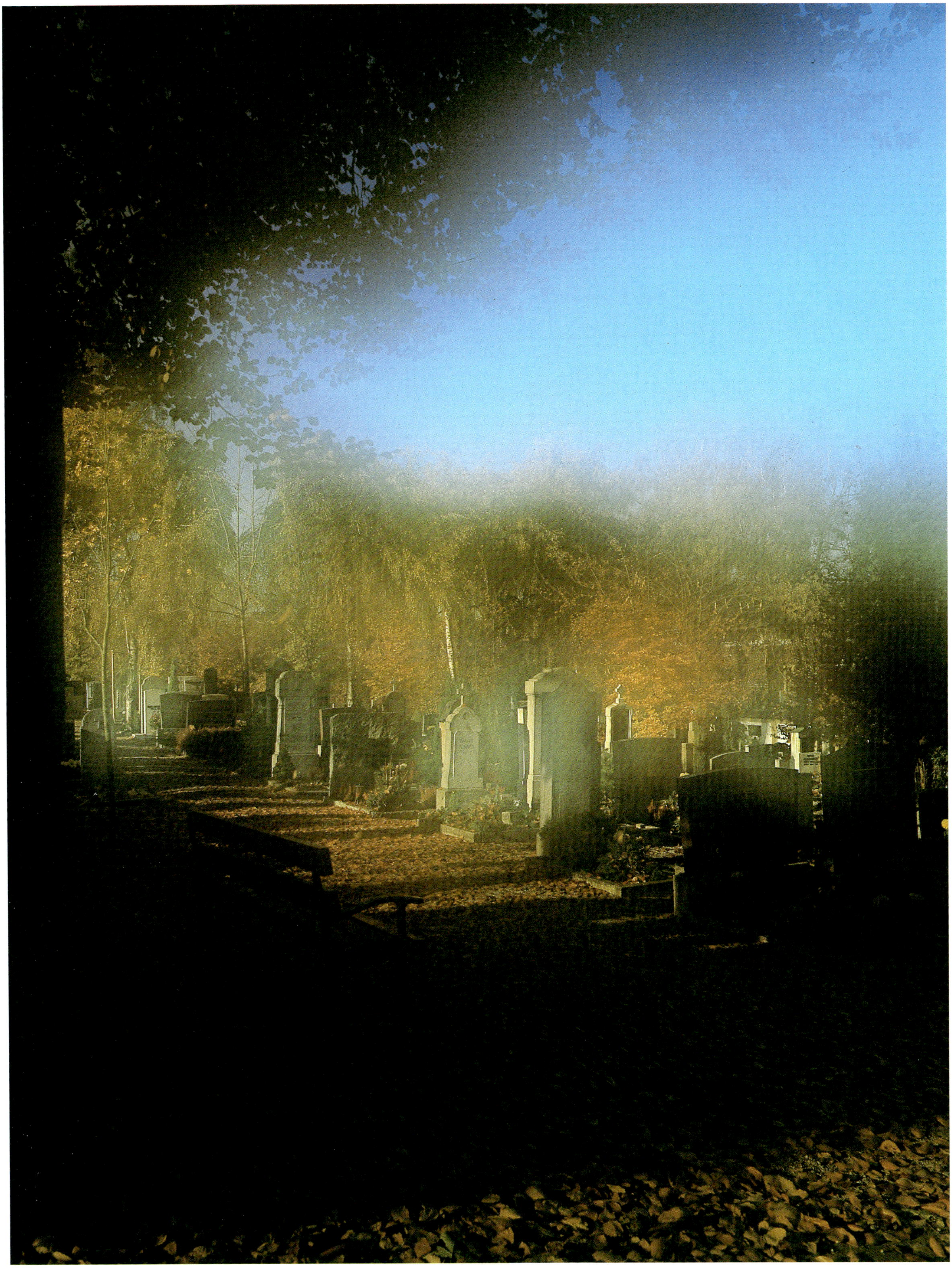

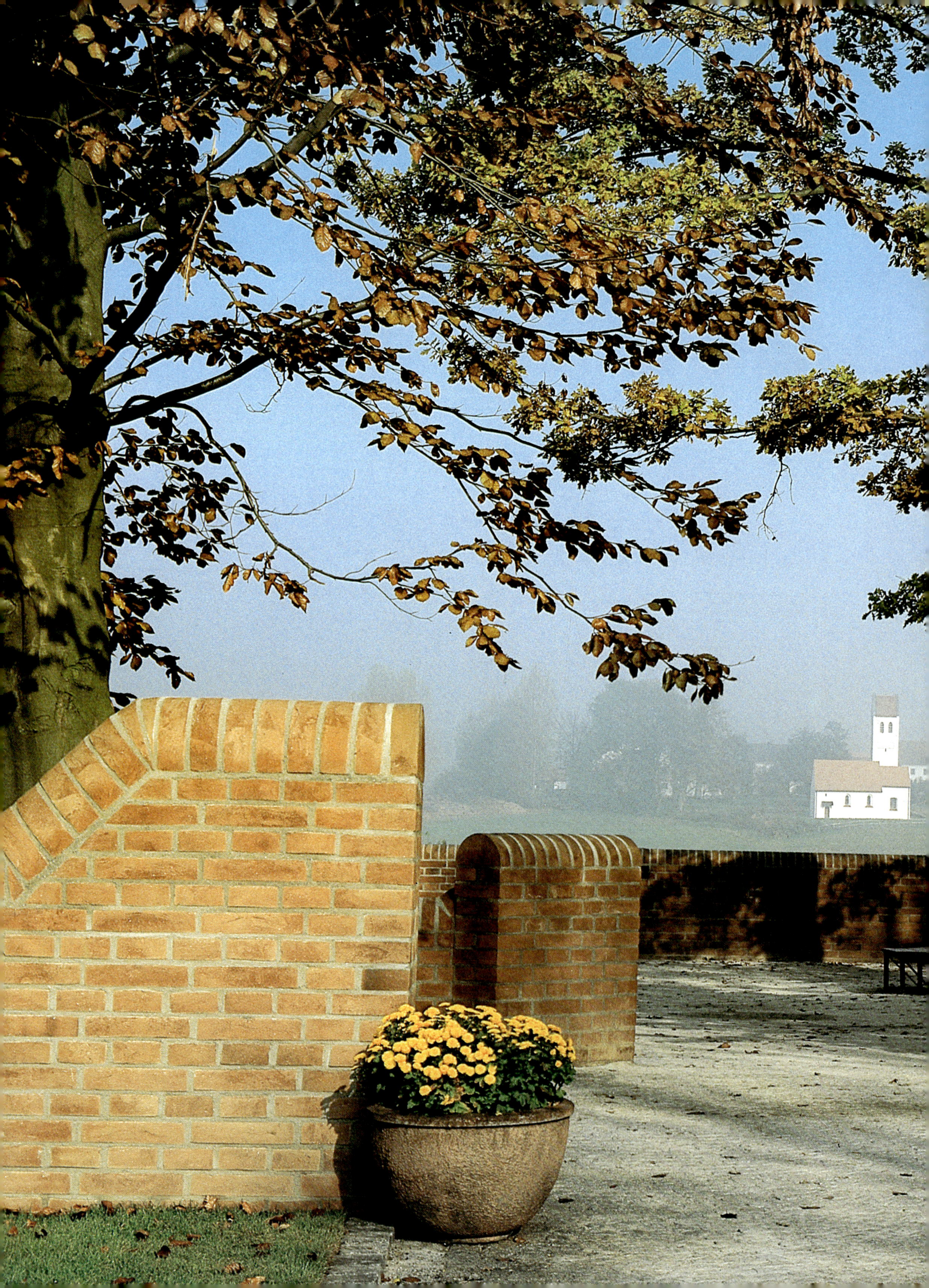

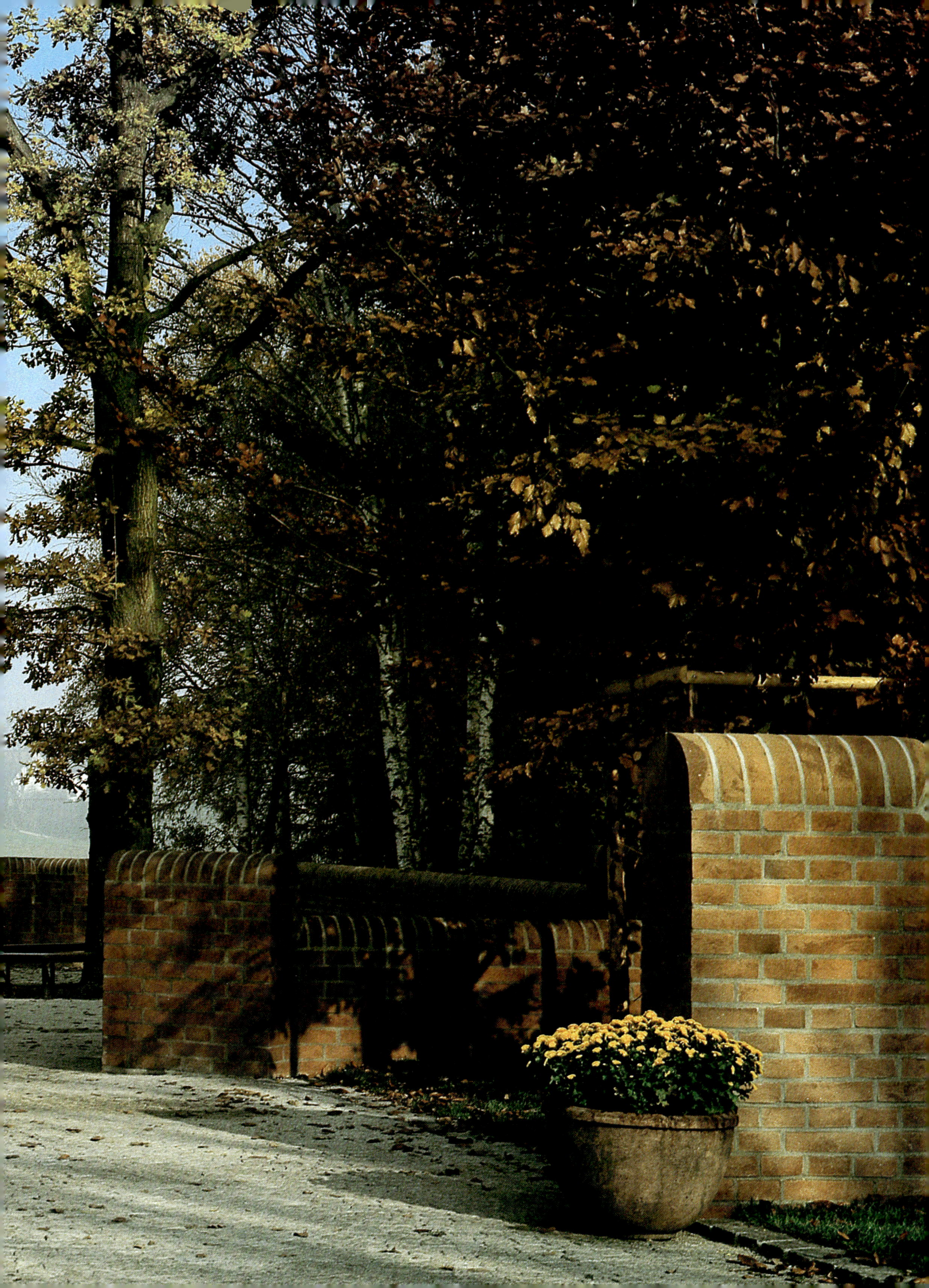

Die neubarocke Kriegerkapelle im ehemaligen Dorf Etzenhausen (heute Stadtteil von Dachau) wurde in den Jahren 1925 bis 1928 für die Gefallenen des Ersten Weltkrieges errichtet. In ihrem Inneren befindet sich ein Fresko des Künstlers und Kunstprofessors Ludwig von Herterich, der von 1890 bis 1932 in Etzenhausen wohnte.

The neo-baroque military chapel in the former village of Etzenhausen (today part of Dachau) was built from 1925 to 1928 for the fallen of the First World War. Inside is a fresco by the artist and art professor Ludwig von Herterich, who lived in Etzenhausen from 1890 to 1932.

An der alten Straße nach Augsburg, nordwestlich von Dachau, liegt in reizvoller Hügellage der Weiler Pullhausen.

On the old road to Augsburg, northwest of Dachau, is the hamlet of Pullhausen, in an attractive hillside setting.

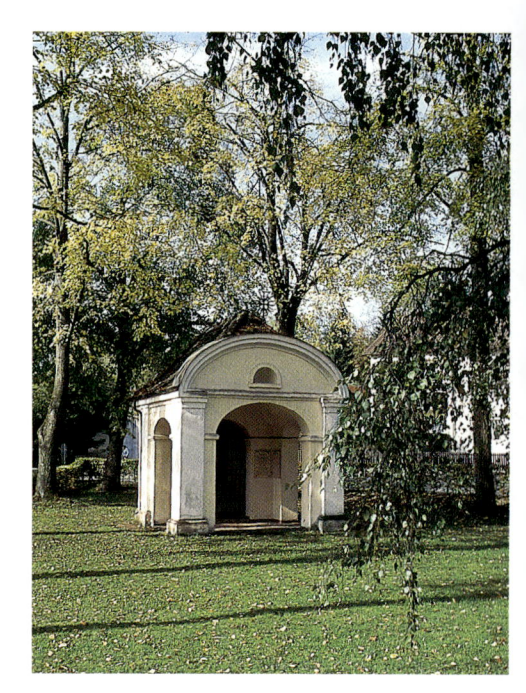

Die Kirche St. Leonhard in Webling, die heute zur Pfarrei St. Jakob gehört, wurde um 1500 erbaut. Weil sie so kurz ist, wirkt sie wie ein Altarraum ohne Langhaus. In ihrem Turm besitzt die spätgotische Kirche zwei alte Glocken aus dem 15. und 18. Jahrhundert, die mit einem Seil noch heute per Hand geläutet werden.

The church of St Leonard in Webling, which today belongs to the parish of St Jakob, was built in around 1500. Because it is so short, it looks like a chancel without a nave. In the tower of the late Gothic church are two old bells from the 15th and 18th centuries which are still rung by hand with a rope.

Verläßt man das Dachauer Stadtgebiet, so findet man an vielen Stellen noch die vielgerühmte Idylle und Ausstrahlung des Dachauer Bauernlandes, die Schriftsteller wie Ludwig Thoma, aber auch die Freilichtmaler des 19. Jahrhunderts inspirierte. 1972 wurden im Rahmen der Gemeindereform die früheren Gemeinden Pellheim mit Assenhausen, Pullhausen, Lohfeld und Viehhausen eingemeindet – der erste Schritt zur Erhebung Dachaus zur Großen Kreisstadt am 1. Februar 1973. 1978 folgte die Eingemeindung Mitterndorfs.

Outside the town boundaries the famous idyllic atmosphere of the Dachau farmland that inspired the writers such as Ludwig Thoma as well as the open-air painters of the 19th century can still be found. In 1972, as part of the local government reforms, the former communities of Pellheim, Assenhausen, Pullhausen, Lohfeld and Viehhausen all became part of Dachau. In 1978 Mitterndorf was also added.

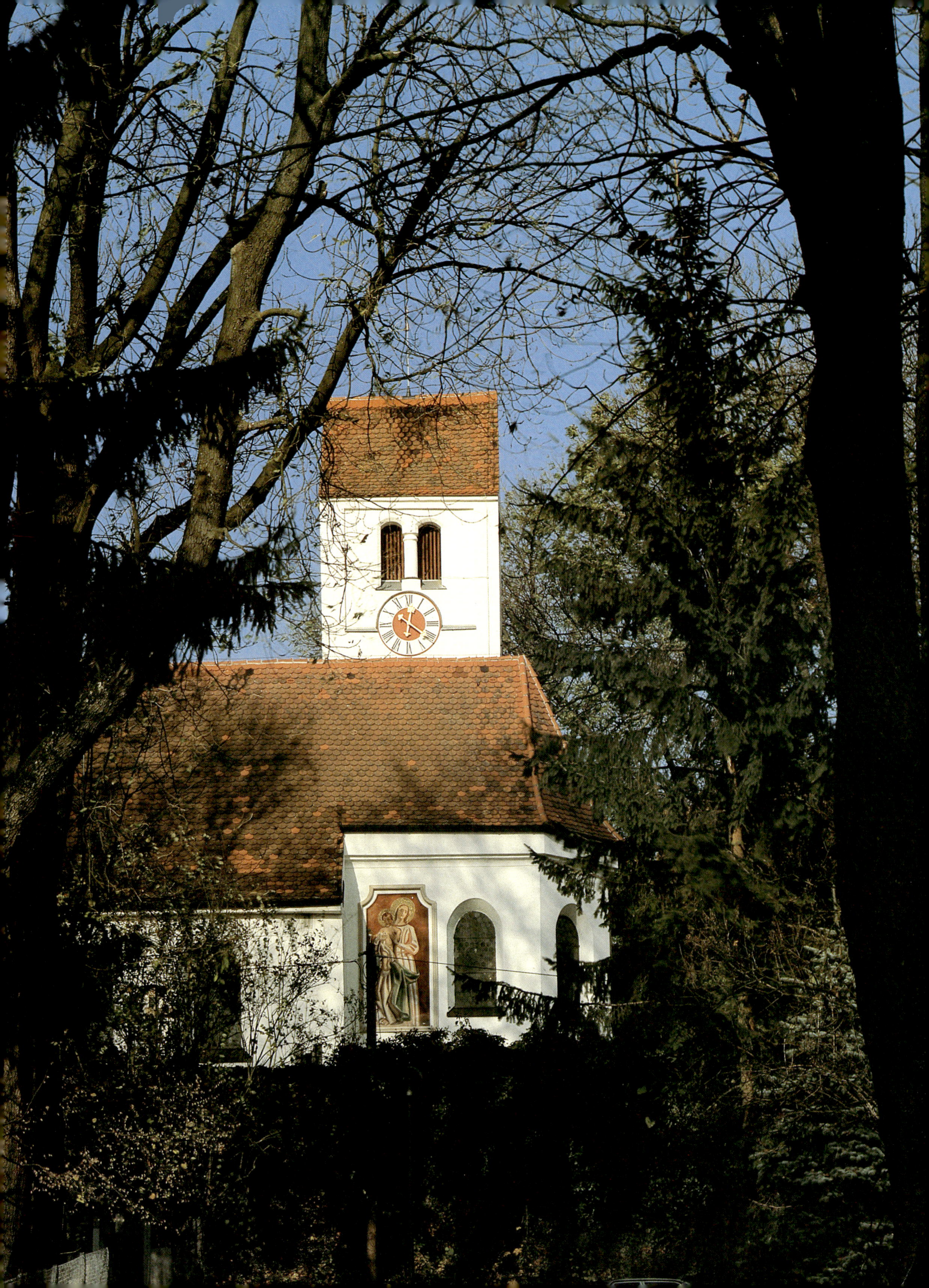

Turm und Altarraum von St. Laurentius in Etzenhausen stammen aus gotischer Zeit, während das Kirchenschiff ein Barockbau ist. An der Fassade befinden sich große Wandbilder, auf der Ostseite Christus und auf der Südseite die Muttergottes, die der Künstler Ludwig von Herterich 1932 schuf. Auf dem Gottesacker von St. Laurentius fand Herterich seine letzte Ruhe. *(Seite 122)*

The tower and chancel of St Laurentius in Etzenhausen are Gothic, whereas the nave is baroque. On the east façade is a large wall picture of Christ and on the south façade a picture of the Virgin Mary, both painted by the artist Ludwig von Herterich in 1932. Herterich is buried in the churchyard of St. Laurentius. *(Page 122)*

Der Welschhof in Etzenhausen mit dem überdachten und gemauerten Laubengang, der »Gred«, ist ein prächtiges Beispiel eines jahrhundertealten, bäuerlichen Wohnhauses. Der Hof steht unter Denkmalschutz. In seiner imposanten Schlichtheit prägte er das Ortsbild von Etzenhausen und bot einer Reihe von Freilichtmalern ein markantes Motiv. Vor allem Wilhelm Velten, der sich wie seine Kollegen Karl Stuhlmüller und Max Pitzner gerne in Etzenhausen aufhielt, verewigte den Welschhof in seinen biedermeierlichen Genrebildern.

Die einst malerische, in Wiesenland eingebettete Dorfidylle Etzenhausen war im 19. Jahrhundert eine der Keimzellen der Dachauer Malerei. Das bunte Treiben auf den Viehmärkten, bäuerliche Szenen an der Amper und am Webelsbach inspirierten schon früh eine Reihe von Künstlern, die hier regelmäßig die Sommermonate verbrachten.

The Welschhof in Etzenhausen with its roofed, walled pergola, the "Gred", has stood for centuries, and is a magnificent example of an old rural home. The farmhouse is now under a preservation order. With its imposing simplicity it is the symbol of Etzenhausen and provided many open-air painters with a striking motif. One in particular was Wilhelm Velten, who like his colleagues Karl Stuhlmüller and Max Pitzner, frequently came to Etzenhausen and immortalized the Welschhof in his Biedermeier-style genre paintings. Etzenhausen, once a picturesque village surrounded by meadows, was one of the centres of Dachau painting in the 19th century. Even in the early period of open-air painting, many artists came to spend the summer months here, inspired by the lively cattle markets and rural scenes by the Amper and Webelsbach.

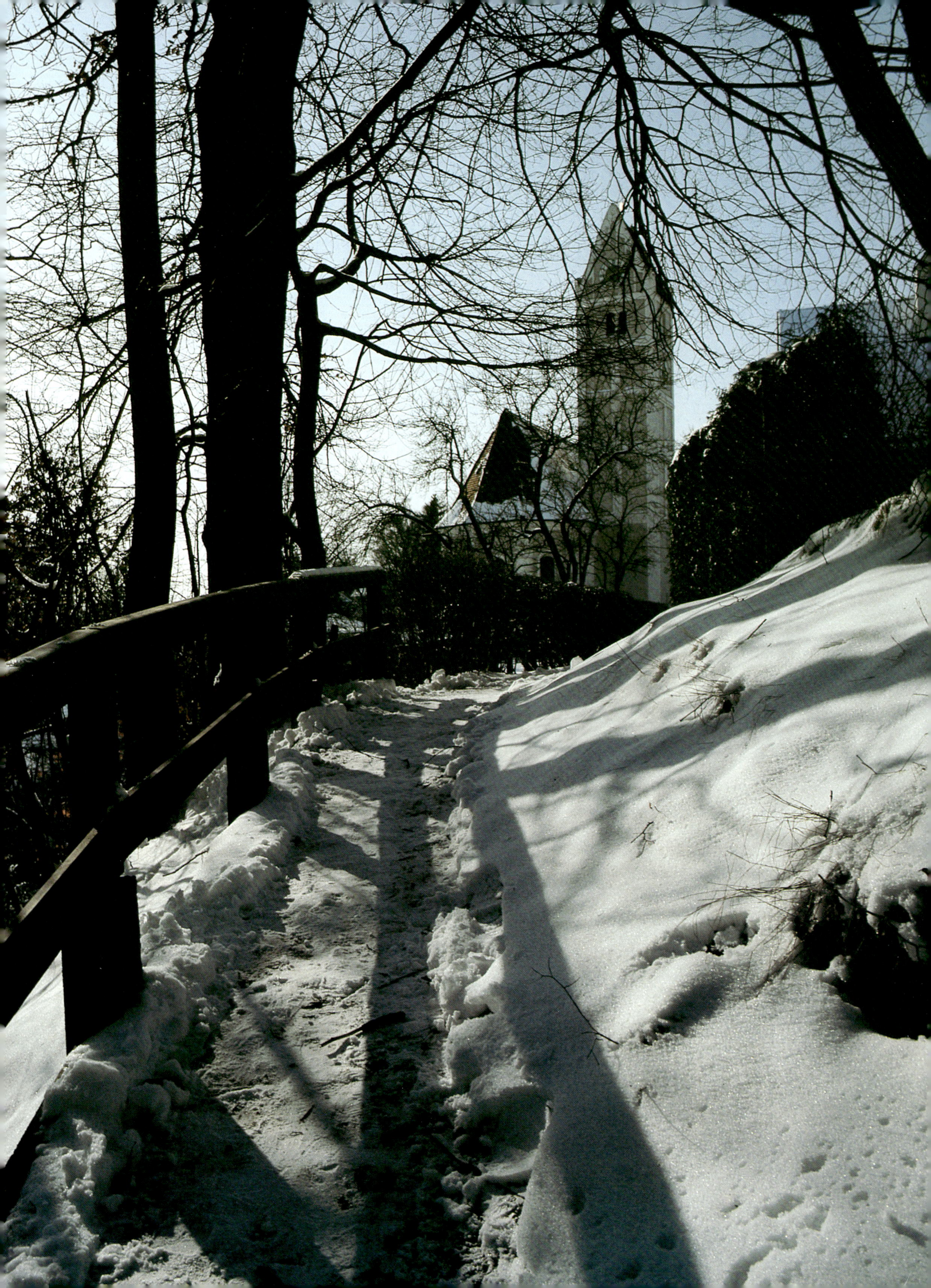

Die Pfarrkirche St. Maria, St. Urban und
St. Nikolaus in Mitterndorf ist ein spätgotischer Bau des Baumeisters Hans Widerl und entstand in den Jahren 1496 bis 1515. Der Turm ist der älteste Teil der Kirche. Der frühbarocke Choraltar von Konstantin Pader (um 1630) wurde später mehrmals umgestaltet. 1996/97 begann man unter der Leitung eines Münchner Architekturbüros mit einer umfassenden Sanierung und Sicherung des Gotteshauses, an der sich bis heute die Geister scheiden, da die modernen Stahl-/Glaskonstruktionen in schroffem Gegensatz zur alten Architektur und zur idyllischen Friedhofsumgebung stehen. Das gesamte Mauerwerk mußte unterfangen und gestützt werden, die Sakristei wurde erweitert und mit einem modernen, mehrfach gegliederten Vordach gedeckt. Im Inneren wurde eine neue Empore eingebaut. Den von einer stählernen Überdachung bekrönten Haupteingang verlegte man auf die Westseite. Neu gestaltet wurde auch der Eingangsbereich mit einer Treppenanlage, die von der Straße aus zur Kirche führt.
(Seite 124)

The parish church of St Maria, St Urban and St Nikolaus in Mitterndorf is a late Gothic building by the architect Hans Widerl and was erected from 1496 to 1515. The tower is the oldest part of the church. The early baroque choir altar by Konstantin Pader (circa 1630) was subsequently redesigned several times. In 1996/97 comprehensive renovation and preservation was undertaken.
(Page 124)

Die kleine Bank am Fürstenweg, am Fuße des Schloßbergs, hält Winterschlaf. Von hier aus bietet sich eine schöne Aussicht aufs Familienbad und die Amperauen.

The small seat by the Fürstenweg, at the foot of the Schlossberg, is in retirement for the winter. From here there is an excellent view of the family swimming pool complex and the Amper meadows.

Der Christkindlmarkt am Rathausplatz entfaltet seine zauberhafte Wirkung, wenn glitzernder Schnee ihn festlich schmückt.
(Seite 126/127)

The Christmas market on the Rathausplatz is at its most enchanting when festively decorated with glistening snow.
(Page 126/127)

Den Gedenkstein für Ludwig Thoma in der Grünanlage am Mühlbach schuf der Künstler Walter von Ruckteschell 1932. Er erinnert an den großen bayerischen Dichter und Schriftsteller, der das Dachauer Land und seine Bevölkerung in vielen Erzählungen und Theaterstücken zu einem literarischen Begriff machte. Von der verschneiten Anlage aus geht der Blick hinauf zur stolzen Höhe des Berges. *(Seite 128)*

The memorial for Ludwig Thoma in the green area by the Mühlbach was created by the artist Walter von Ruckteschell in 1932. It is a monument to the great Bavarian poet and writer who immortalized the Dachau area and its population in literature with many stories and plays. The hill rises behind it, forming a dramatic backdrop to the wintry scene. *(Page 128)*

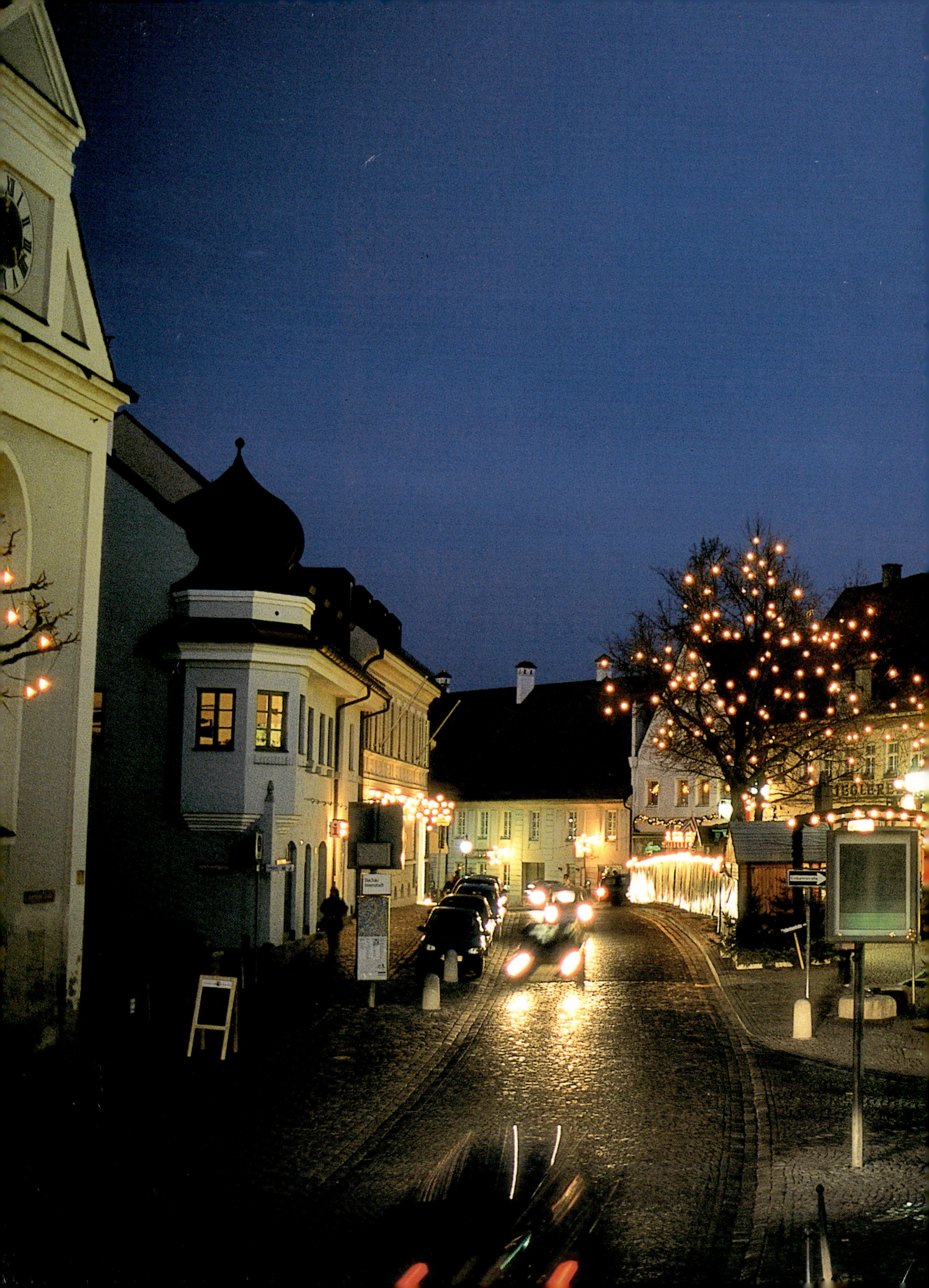